水库移民库区
区域经济发展研究

李 明 著

图书在版编目（CIP）数据

水库移民库区区域经济发展研究/李明著 . —北京：经济管理出版社，2019.12
ISBN 978 - 7 - 5096 - 6942 - 6

Ⅰ. ①水… Ⅱ. ①李… Ⅲ. ①水库工程—移民安置—区域经济发展—研究—中国 Ⅳ. ①F127

中国版本图书馆 CIP 数据核字（2019）第 294803 号

组稿编辑：何 蒂
责任编辑：何 蒂 杨 娜
责任印制：黄章平
责任校对：陈晓霞

出版发行：经济管理出版社
（北京市海淀区北蜂窝 8 号中雅大厦 A 座 11 层 100038）
网　　址：www.E-mp.com.cn
电　　话：(010) 51915602
印　　刷：北京玺诚印务有限公司
经　　销：新华书店
开　　本：720mm×1000mm/16
印　　张：12
字　　数：208 千字
版　　次：2019 年 12 月第 1 版　2019 年 12 月第 1 次印刷
书　　号：ISBN 978 - 7 - 5096 - 6942 - 6
定　　价：58.00 元

· 版权所有 翻印必究 ·
凡购本社图书，如有印装错误，由本社读者服务部负责调换。
联系地址：北京阜外月坛北小街 2 号
电话：(010) 68022974　邮编：100836

前 言

中华人民共和国成立以来，为适应社会主义经济建设的需要，保障人民生命财产安全，综合开发利用水资源和水能资源，全国修建了一大批水库，在防洪、发电、灌溉、供水和生态等方面发挥了巨大的经济效益和社会效益，为国民经济持续、健康和稳定发展起到了重要作用。

移民是人类社会发展的必然结果。移民带来了经济发展，促进了人类社会进步。库区区域经济发展是一项庞大而复杂的系统工程，随着开发性移民方针的实施，我国对于水库移民库区区域经济发展也逐渐重视起来，一些研究单位和专家学者取得了不少重要的研究成果。然而，这些研究往往局限于对水库移民实践工作的经验总结与归纳，而对移民库区区域经济进行深入、系统研究并提出针对性指导意见的并不多，对移民经济进行整体、全局性思考的更为缺乏。当前，我国水资源开发事业正处于快速发展期，移民库区经济发展的新情况、新问题不断出现，加强水库移民经济发展的研究和实践，从理论高度探讨这些问题产生的原因和发展规律，提出合理而科学的解决办法，是时代赋予我们的历史责任。

本书以水库移民概念为基础，构建具有中国特色的水库移民经济理论体系，继而追溯水库移民经济理论源头，探析库区区域经济发展新命题。全书从水库开发过程中的移民安置问题入手，全面、细致、深入剖析了水库移民经济的区域抉择、投融资创新等问题，提出区域抉择的有效方法，开辟投融资制度新机制；从社会、文化、社会心理和环境四个不同的角度对库区区域经济中非经济因素的影响进行系统的阐述；结合水库移民经济可持续发展的内涵，对库区区域经济可持续发展战略进一步探索。

本书逻辑清晰、内容丰富、结构紧凑，在土地配置与综合农业开发、科学测算移民环境容量、库区区域经济结构调整等方面更是提出了一些独到的观点与建议。本书在撰写过程中借鉴了一些专家、学者的宝贵经验，在此表示衷心的感谢，希望以此为开端，今后在对水库移民库区区域经济发展的研究上更加深入，学无止境，由于笔者的水平有限，书中难免有诸多不足之处，请广大读者不吝赐教。

目　录

第一章　水库移民概述 ……………………………………………… 1
第一节　水库移民的概念 …………………………………………… 1
第二节　水库移民的属性 …………………………………………… 10
第三节　水库移民的迁移效应 ……………………………………… 15
第四节　水库移民的社会适应性调整 ……………………………… 21

第二章　水库移民区域经济系统的建立 …………………………… 29
第一节　区域的一般概念 …………………………………………… 29
第二节　水库移民经济的概念 ……………………………………… 31
第三节　水库移民经济系统 ………………………………………… 34
第四节　水库移民区域研究的发展 ………………………………… 40

第三章　水库移民经济理论溯源 …………………………………… 44
第一节　水库移民经济的基本理论依据 …………………………… 44
第二节　国外水库移民经济的理论探讨 …………………………… 48
第三节　水库移民经济的理论发展 ………………………………… 53
第四节　水库移民经济理论体系探析 ……………………………… 57

第四章　水库移民经济发展规划 …………………………………… 67
第一节　开发性移民 ………………………………………………… 67
第二节　水库移民生产开发 ………………………………………… 70

第三节 土地配置与农业综合开发 ································· 74

第五章 水库移民安置的区域抉择 ······························· 82

第一节 水库移民安置区域抉择的原则及方向 ················· 82
第二节 水库移民安置区域抉择依据 ···························· 92
第三节 水库移民安置区域抉择方法 ···························· 101

第六章 水库移民经济投融资体制创新 ························· 109

第一节 水库移民经济的投融资因素分析 ····················· 109
第二节 水库移民经济的投融资机制探寻 ····················· 115
第三节 水库移民经济的投融资制度安排 ····················· 124

第七章 水库移民库区区域的非经济因素分析 ················ 134

第一节 水库移民库区区域的社会因素分析 ·················· 134
第二节 水库移民库区区域的文化因素分析 ·················· 140
第三节 水库移民库区区域的社会心理因素分析 ············· 144
第四节 水库移民库区区域的环境因素分析 ·················· 147

第八章 水库移民经济可持续发展路径探索 ··················· 151

第一节 可持续发展的内涵与启示 ······························ 151
第二节 水库移民经济可持续发展架构 ························ 167
第三节 水库移民经济可持续发展战略 ························ 172

参考文献 ·· 183

后　记 ·· 186

第一章 水库移民概述

移民从广义上讲是指人们生息活动在地域上的变动，从一个地区迁居到另一个地区或从一个国家迁居到另一个国家居住生活，或是因为某种原因在同一地区离开原居住地重新选址定居的人。这里所指的移民是较大数量、有组织的人口迁移。他们在迁移中会对原居住地和拟迁入地区的生存条件有一个反复思考、权衡利弊得失的心理过程，可能会经历比较长的时期。

第一节 水库移民的概念

一、水库移民

（一）广义移民

随着我国社会经济的发展，我国的水利工程建设也取得了巨大的进步。在我国的水利水电工程项目中，水库的建设是主要的内容，而水库的修建也往往是水利水电工程项目中涉及问题最多，需要考虑因素最多的。在修建水库的诸多因素中，移民是最复杂也是最重要的一点。对于移民，从性质上看，可以分为两种，一种是自愿性移民，另一种是非自愿性移民。下面分别对两种移民进行解释：自愿性移民是指居民自愿离开该地区，为生产生活去其他地区居住；非自愿性移民是指居民没有离开居住地的意愿，因其他原因导致必须搬迁的强迫行为。

若从行动的角度来看待移民，可以将移民分为两种，一种是主动行为，另一种是被动行为。居民为了生活需要，或是因为自然环境的危害而主动搬离或被迫搬离原有的居所，表现的为主动行为或被动行为；若违背居民意愿强制搬离的就一定是被动行为。

（二）工程移民

虽然导致移民发生的因素众多，致使移民的类型众多，但总结来看，近现代的移民大多是因为工程项目的建设而发生的，为此，将这种移民现象称为工程移民。由于工程移民涉及的内容众多，对移民的社会活动以及社会经济发展等都会造成一定的影响，致使工程移民的含义相比其他移民类型也更为复杂。工程移民的含义：为建设水利工程项目，导致用地居民的非自愿性搬迁以及移民社会的经济恢复、整体系统重建的总体活动。工程移民作为工程类移民的总称，其按照性质和特点的差异可划分为多种类型：城建移民、交通移民以及水库移民。不同的工程移民类型其内在的含义和特点差异较大，为了更好地探究工程移民的本质，本书对上述三种类型的工程移民分别进行研究和探索。

1. 城建（含工业）移民

这种移民相比其他类型来说，涉及的移民问题相对简单。其中的移民基本是城市居民，在耕地补偿的问题上没有涉及。城建移民发生的原因有很多，如旧城改造、工厂搬迁或重建、开发建设等。其主要表现的特征有以下几点：工程量大、工程分布集中，涉及的移民安置工作中的移民就业扶持问题少。在移民补偿方面，由于城市不同地区的地价不同，给予移民的补偿一般按照其不动产所占面积的城市相应地价进行补偿，其他费用相比不同的工程移民类型有明显的差异。

2. 交通（含公路、铁路、机场等）移民

这类工程项目多数征地范围呈带状分布，宽度数米到数百米不等。特点是线型移民影响，可能迁移整个社区或破坏通信、土地持有权、社会与经济系统以及使用资源的模式但是线路较窄，征地拆迁范围通常发生在现存行政区域之内。如果线路很长，穿越行政边界，线路会分割土地所有权、当地的公路和道路、灌溉系统等。但通常所占地面积比例不大，对局部移民造成的影响不会很大，往往进行经济赔偿就可以解决问题。

3. 水库移民

水库移民区别于其他的工程性移民，首先是水库建设多处于偏远山区，条件相对落后，淹没影响的移民数量比较大，往往涉及整村、整乡甚至整县的居民搬迁，经济影响大，需要一定规模的人口迁移活动和社会经济系统重建活动，其搬迁过程主观影响大，可变因素多，反复性强，有较强的政治性、经济性、社会性、时效性、政策性，是一项庞大的社会系统工程，因而独具复杂性和艰巨性。其次是水库移民造成的影响范围大、层面多和时间长，需要各级政府、有关部门和社会各界的全力支持，形成合力，才能使移民迁得出、安得下、稳得住，逐步能致富，从而维持区域社会的稳定和可持续发展。

（三）水库移民

水库移民也叫水工程移民，是指为调蓄江河径流，合理开发利用水资源，满足国民经济建设和社会发展需要进行水利工程建设活动时，征用库区淹没区土地和主体工程建设用地范围内土地时失去生活条件或生产条件，从形式上看是被迫迁移的非自愿性群体。水库移民是政府组织搬迁安置的非自愿社会群体，安置去向和方式由移民参与、政府主导、规划设计单位测算。搬迁安置实施管理过程艰巨复杂，涉及社会、政治、经济、文化、宗教、环境和技术等诸多方面，是有组织的较大规模人口迁移与社会经济系统重建活动。作为一种特殊的社会群体，水库移民有以下几方面的特征。

1. 社会性

从宏观角度看，水库移民的活动无论是社会层面还是人文层面都会受到一定程度的影响，并且其本身也具有一定的性质，在诸多性质中，最为重要的就是社会性质。社会性质也是整个移民工作进行过程中连带影响最大的因素。水库移民过程中，重新安置移民势必会对安置区的社会环境产生一定的影响，如人文、人际关系等，产生这种影响的主要原因就是在移民的社会性质。移民的人数无论多少，都会拥有自己的文化、思维等，这些注定会与迁入地区产生差异。虽然如此，但是社会性从宏观角度看，其大多数的属性都是统一的。移民的构成要素——"以人为主体"，这是社会性统一的原因，也是构成移民群体的基本特征。这种特征不是固定的存在，它会是随着时间、社会的进步等不断地发生变化，社会的性质改变会使相应的社会属性也随之改变。由此可见，对个体来说，社会性质不具备自然的属性。

2. 强制性

通常情况下，水库的相关移民项目会随着水库项目的建设开展。但实质上，根本没有人愿意离开自己的故土到陌生的他乡生活。因此，为了保证水库项目的正常进行，保证库区人民的生命安全，水库移民更多地带有强制性质。移民的搬迁以配合国家执行工程为主，并没有社会经济利益获取的目的存在，其中移民的非自愿性表现较强，通常是由各级政府和水库建设与开发业主单位依照一定的法律法规规定，采取相应的一系列措施，组织和推动移民搬迁安置。

3. 规模宏大

水库移民群体往往牵涉地域范围广，受影响人口数量庞大，少则几千人，多则几万人、几十万人。如三峡水利枢纽淹没涉及19个县，居民达到130余万人，各类远迁安置20多万人，搬迁安置实施管理工作异常艰巨。

4. 自我复杂性

Linville 在20世纪80年代提出自我复杂性的理论，该理论认为，自我概念由自我中的多个不同方面组成，而个体的自我复杂性上的差异主要通过两个维度体现：①组成自我概念的自我面数量越大，自我复杂程度越高。②各个自我面相互重叠的程度（即一个自我面是否有其他自我面也含有的成分）越低，则自我复杂性越高。他认为：水库移民作为一个特殊群体，无论是从整体看，还是具体到个人，都具有典型的自我复杂性。对搬迁安置的情感和评价是多维度的，怎样找出主导因素，促使移民转变态度，这就是移民群体搬迁实施管理工作要努力的方向。

5. 自身消融性

移民在搬迁后，会融入一个新的社会群体。随着时间的推移，移民在融入过程中会不断地被当地的社会文化和人文环境同化，其本身的性质也会在这一过程中逐渐消亡，而自身消融性指代的就是在移民的形成、发展、消亡之中体现的性质。这种消融性的存在，也致使最后移民在搬迁后地区的存在与原住民只有表面的差异，内在的核心已达到基本相融。

二、水库移民现状和困境

（一）水库移民现状

水库移民为社会的经济建设做出了很大的贡献，但是由于现实情况和自身情况等种种原因，他们的生产生活水平仍有待进一步改善和提高。根据调查和研究，他们自身所具有的特点如下。

1. 综合素质不高

水库多处于偏远山区，交通不便，经济基础比较差，教育条件相对落后，群众文化程度较低。2017年9～11月，按照随机抽样原则以移民户中的主要劳动力为主，对西南地区某水库淹没区进行问卷调查，共发放农村移民问卷1500份，样本分布范围为楚雄州，问卷回收1259份，回收率为83.93%，其中，有效问卷为1164份，有效问卷率77.6%。有效问卷样本中移民教育程度分布情况如表1-1所示。

表1-1 移民问卷调查

情况	有效问卷总人数	文化程度			
		不识字	小学	初中	高中
人数（人）	1164	79	380	530	175
百分比（%）	100	6.79	32.65	45.53	15.03

在调查中发现，大部分村庄中有50%~60%的移民都能完成九年义务教育，但是总体上文化程度还是偏低，初中以下（包含初中）文化程度人口的比例占84.97%，其中个别村庄初中以上文化程度人口的比例竟然不足5%，中专以上文化更是凤毛麟角。由此可见，移民基本的文化水平普遍较低，致使他们不能满足社会对需求人群的素质要求，不能依靠自己找到一条满足生活的发展之路。无论近迁或是远迁，移民对自己未来的发展之路一般都保持迷茫。这对于整体的移民搬迁工作来说有极大的阻碍。

2. **心理素质较差，承受着很大的心理压力**

水库移民在长期生活中，与外界联系和交往有限，已经形成了比较稳定的社会环境和自然环境，有着自己独特的人际交往方式和人际关系网络。土地淹没给移民带来重大经济损失的同时，社会、文化、人际关系等也被破坏、解体，面对新环境，留恋故土，对未来生存环境、生产生活方式和重建人际关系怀有疑虑心理，增加了移民的心理矛盾和社会压力。

3. **经济基础薄弱，移民处于弱势地位**

水库建设主要目的是控制河流水量，提供建设水库地区的电力等相关需求。通常情况下，水库建设地一般都不在城市当中，更多的存在于山林村野。而这就导致了水库修建地区普遍存在的网络信息不通畅，文化教育的基础设施建设水平差、经济发展落后、道路交通困难等问题。移民的文化教育水平偏低，思想观念陈旧，科技素质偏低，专业技能缺乏，大多以种植业为主，长期处于封闭式的小农经济环境中，经济收入来源主要是靠农副产品。他们已经习惯了传统的耕作方式，生产经营管理粗放，附加价值偏低，再加上农村基础脆弱，建设资金筹措困难，发展商品经济的观念淡薄，致富门路少。从经济发展意义上讲，农民是弱势群体，在市场经济发展的今天，移民群体的商品经济观念相对滞后，创业的客观条件比较差，这对移民的生产开发非常不利。

4. 依赖性心理严重，对安置的期望过高

综上所述，移民的搬迁对移民的生产和生活都会产生极大的影响，也会导致移民对于搬迁工作拥有极大的抵触心理。为了确保相应工程的顺利开展，我国针对移民工作推行了一系列的政策方针。具体方针内容如下：在移民的前期给予移民相应的补偿，以弥补移民搬迁产生的损失；后期给予移民相应的辅助，保证移民后期的自主生产和生活；政府将对移民负责到底的思想贯彻到整个移民安置政策当中，以保证移民未来的可持续发展。虽然该政策从整体看对移民工作的帮助很大，但在产生效力之余，还存在着许多的副作用。以下是对该项政策产生副作用内容的罗列。第一，由于政府对移民提供了很多的帮助，导致移民产生一种极度依赖的心理。国家对移民的帮助是为了移民可以安定生活，快速适应新的生活环境，融入新的社会发展状态当中，更好地实现生产生活。而部分移民则产生"等、靠、要"的不良思想，对自主发展产生消极状态，缺失了移民应有的自主创造性以及积极性。第二，"三农"工作历来是我国全局工作中难点，移民工作是一个重要组成部分，工作更艰巨、更复杂，成为"难点中的难点"。第三，心理上存在不满。由于安置后环境容量减少，同时又面临着整个经济社会系统重建任务，部分移民安置后生产生活问题长期得不到妥善解决，因此不满情绪和埋怨情绪很容易滋长。这些特点导致移民群体在社会生活和社会利益调整过程中，容易产生矛盾纠纷和摩擦，有时候摩擦系数还相当大。

5. 生活水平恢复时间长

水库移民大部分是农民，祖祖辈辈以务农为生，土地是他们生存的根本。水库建设与开发占用了他们赖以生存的耕地、园地、房屋及附属财产，使他们不得不重建家园。由于我国人多地少的矛盾极其尖锐，想使移民安置后得到以前拥有的数量和质量相当的耕地是非常困难的。移民生活水平在安置初期多数将会有所下降，要使移民生活达到或超过原有水平，必须有足够的资金、时间、优惠政策和地方政府的适当引导。

（二）水库移民的困境

水库建设与开发必然会引起周围与移民生产生活休戚相关的耕地、山林、水资源数量、质量的变化，移民群众生活习俗、生产习惯也会随之改变，会带来一定的困惑和不适应感。

1. 破坏性

水库移民面临最直接、最直观的问题就是破坏性。主要表现在两个方面：一是淹没影响区的土地等自然资源遭到毁灭性破坏，即物质性破坏；二是淹没影响区移民的社会文化与传统文化心理遭到冲击与破坏，即精神性破坏。物质性破坏不仅表现为移民长期积累的财富被夺和征用，而且表现在受影响移民群体在特定区域和社会关系下形成的生产生活方式受到根本性冲击，搬迁安置后，他们往往得适应新的生产生活方式。精神性破坏反映了移民群体长期形成的区域性人文生态与社会文化结构解体，不得不适应新的人文环境。

2. 强制性

水库项目中的移民项目主角是移民。对于移民，从宏观角度看，更多存在的是强制性，并非原居民因经济或其他原因搬离原居住地。移民工作的进行需要政府以及相关工程机构在有计划的前提下共同组织和推动完成。

3. 安置容量有限

由于国情、国力和自身条件的制约，水库移民安置方式大多是大农业安置。基于我国人多地少的实际情况，安置区环境容量有限，接收移民是以牺牲自然资源为代价，从心理上，安置区原居民也存在非自愿性。原居民的利益是通过土地整改，提高产出水平获得，一旦安置区原居民和移民群众的生产生活水平没有达到规划的目标，就会引发矛盾，影响移民区域社会稳定。所以，安置容量不但有社会和自然资源的容量，而且还有心理容量。

4. 风险性

移民搬迁安置实施管理是一个复杂的过程，其中搬迁实施管理存在风险，不仅要检验规划设计成果的有效性，还要针对移民群体特点制定合理的工作方法，任何环节疏忽都会造成长期影响，移民群众就是风险的直接承担者。安置实施管理具有一次性特点，安置点选择失误，社会和经济发展的基础不能适应移民提高生活生产水平的要求，工程建设质量、投资出现任何问题，都会直接影响到移民群众，留下后遗症，引发社会问题。

5. 对新环境适应的突变性

在物质破坏和精神破坏双重影响下，移民是被动安置在新的环境中，这个过程是在很短时间内采取突变性方式进行的，具有不可逆性。水库移民不仅需要在极短时间内去适应新环境下的生产生活方式，还得尽快融入新的区域社会环境中、新的生产生活方式中，在与安置区原居民共同开发自然资源和建设生态环境等方面，都会遇上许多实际问题。

三、水库移民群体划分

在我国，水库移民大部分居住在偏远山区，按照一定的经济标准和心理倾向并结合移民所处的实际情况，综合统计、分类，把移民群体归结为以下五个层次。

（一）安于现状的贫困群体

这部分移民群体一般是中老年居多，家庭负担较重，教育文化程度较低，生产技能单一，经济收入只有依靠农业生产、家园养殖业等附加值低的第三产业，生活水平始终徘徊在温饱线上。因为其思想能力相对不强，无力改变目前的贫困状态，对外适应能力也较弱，现实的生活目标只在于维持生存，所以十分重视经济利益。对待搬迁问题，一部分移民只是注重面临的困难，没有前瞻性眼光；另一部分移民也可能意识到是一次发展经济的机遇，但是现实状况使他们无力进行重建家园的活动，普遍表现为对搬迁安置经费不足、对实物补偿标准偏低于自己的心理期望、对搬迁安置后生产生活条件和能否保证经济收入水平的提高十分担忧，而且年龄越大，文化程度越低，其忧虑的心理倾向越强，再加上其安于现状、留恋故土和求稳的情结，安置方式多数选择就近，以大农业为主。

（二）奋斗的贫困群体

这部分移民群体一般是青年人居多，文化程度处于中等水平，且已经受到了外界环境的影响，思想活跃，虽然目前经济收入水平不甚理想，有可能还没有找到一条适合自身的发展道路，但是有志向改变自己的贫穷面貌。现实生活目标在于寻找各种机会改善现实生活状态，努力克服在日常生活中遇到的困难，非常重视发展机会。对搬迁后的生产生活条件的改善和个人发展前景持乐观态度，能够主动地根据实际情况把安置区所具有的各种条件与原居住地进行综合对比，善于发现优势，愿意选择交通便利、用水用电比较方便等有利于自身发展的地区进行安置，因而对搬迁具有较强的参与意识，对搬迁时间、地点和进度比较关注。

值得注意的是，他们的自我中心意识较强，对未来的期望值比较高，心理承受能力相对脆弱，如果不能达到理想的高度就会滋生不稳定情绪，而在水库移民搬迁安置特定条件下，存在着经济水平不断上涨，其对安置的心理目标却不一定能够实现的现象。所以，移民机构对持有这种不合理心理状态的移民要加强正确引导、沟通，做耐心细致的思想工作，把他们的主观愿望控制在合理范围内，增强其行动的理性意识，避免搬迁后可能出现的潜在矛盾，保证区域社会稳定和经济正常发展。

（三）安逸的"中产"阶层

这部分移民群体相对来说具有一定的经济实力，且结合现在所处的社会生活环境拥有一定获得经济收入的渠道，在小范围内属于"富有"阶层，在心理表现上具有一定优势，且满足于目前的生活状态。生活目标在于保持现有的经济来源，追求和谐家庭，重视所在区域内的社会和经济地位。对于搬迁问题，从一般意义上说，已经深刻认识到搬迁对于国家经济发展的积极意义，尽管暂时可能会遭受到一定的经济损失，要担负起重建家园的重任，但从长远来看，也能真正感觉到与自己的利益存在着一致性，应该积极主动配合搬迁。然而在进入搬迁安置实施管理阶段，若涉及有关个人利益，便显得较为谨慎和保守，患得患失。

综合起来，可分为两种情况：第一种是移民对现有经济收入手段的关注程度远大于未来的、不确定的经济收入渠道，当其经济收入渠道与所处的社会环境有密切关系时，搬迁安置后这条渠道可能会消失，收入来源受到影响，即使在"不搬不行"的大环境下，心理上也会对搬迁持反对态度，有可能在行动上故意制造阻碍去干扰搬迁进程。第二种是移民的经济收入渠道与现在所处社会环境关系不大，因为有了一定的经济基础和一定的经济承受能力，便积极参与和配合搬迁实施管理活动。

（四）渴望的"中产"阶层

这部分移民群众相对来说，已经拥有一定的经济实力，但是并不满足已有的利益，虽然目前并不一定有机会去尝试新的经济发展方向，但是总想寻找一条更有经济发展前途的道路，其生活目标在于追求更大经济利益，实现自己人生理想。因为水库移民大多居住在偏远山区，交通不便，限制了与外界的广泛联系，阻碍了其发展经济的愿望，对于搬迁安置的态度，多数希望迁离原居住地，愿意到有利于自身经济发展的地区去生活，在选择安置区时有明确心理倾向性和关注重点。

（五）成功的移民阶层

水库移民中出现了许多成功者，他们已经彻底通过不同途径走出家园，有的考上大学，毕业后分配至全国各地工作；有的凭借自己的能力，积蓄了一定的经济实力后，全家早已搬到外地生活，与原居住地基本上脱离了关系，原家中只有部分不动产（包括房屋及部分生活设施，有的还拥有田地，但自己不再耕种，已不是主要生活来源），也就是所谓的财产户。这部分移民群体对搬迁的要求具有特殊性，移民机构应当充分考虑他们的现有条件和心理需求，实事求是，因地制宜，多渠道、多形式、多方法地进行安置，做到宜工则工、宜商则商。有些移民可能只需要合理的实物补偿，应根据实际情况满足要求，可以不进行大农业生产安置。

第二节 水库移民的属性

在工程移民当中，相比其他两种类型，水库移民在工程移民中所占的比重更大一些，其涉及的内容多、范围广、影响大。从表面上看，水库建设的主要内容是工程建设，以达到蓄水发电的最终目的，从而实现社会经济发展、满足城市或相应地区的能源供给需求，但实质上，整个水库建设工作的主体还是移民。他们虽然是被迫搬迁的对象，但在整个水库建设参与过程中拥有着重要的主导地位。

一、水库移民的本质

水库移民作为特殊的社会成员，具有人类共有的本质也就是内在精神本质和外在实践本质的辩证统一。

内在精神本质就是人的形体内部各个要素或子系统有机结合、相互联系所形成的整体功能系统的本质。外在实践本质表现为人与自然、社会与自身之间的改造关系。内在精神本质是推动人向前发展的根本动力，外在实践本质只有在内在精神本质的推动下才能对发展起积极的决定作用。

水库移民的本质决定了移民机构在搬迁实施管理中要做好移民群众的思想工作，从转变他们的态度入手，因为精神作为人的内在本质是推动搬迁工作发展的根本动力。在安置实施管理中要做好安置区的建设工作，满足移民群众的需求，用自己的工作成果拉动移民自愿搬迁。因为实践作为人的外在本质，是拉动搬迁工作顺利进行的根本动力。

二、水库移民的本质属性

水库移民的本质属性是个人的生理自然组合与人类社会的凝聚力和包容性的

统一体，其中社会的凝聚力和包容性占主导地位。人的生理自然组合就是人的内在精神本质属性，也就是自然属性。人类社会的凝聚力和包容性是外在实践本质属性，也就是社会属性。

（1）自然属性是人脑对自然界事物的面貌、规律、现象本质属性的反应和认识。

（2）社会属性是指水库移民是社会的存在物，是处在一定社会关系中现实的人，是社会的主体。主要表现在：一是社会的产物，二是生产活动具有社会性，三是生活具有社会性。社会属性制约着自然属性，并使人的自然属性成为社会化的自然属性。社会属性是人特有的属性，也是人的本质属性。

人的自然属性和社会属性是互相联系、互相制约、辩证统一的。搬迁安置实施管理中，水库移民既表现出了自己的自然属性，也表现出了社会性，不论社会属性纯度如何，都渗透着自然属性。这就决定了水库移民区域生产生活社会经济发展的方向和重点。

三、水库移民的主体性

水库移民作为特殊的社会群体，在搬迁安置实施管理中并不是单纯地处于被动地位，而是积极参与其中，在地方政府的引导下，寻找真正适合自己的经济发展方向，具有主体地位，发挥着主体性的作用。

所谓人的主体性，就是指人的主体意识和倾向以及人作为主体所具有的各种功能属性的总和。主要表现为主体的能动性、创造性、主导性和意识性，是能动性与受动性的辩证统一。

在水库移民搬迁安置实施管理工作中，移民接受管理，是受动性的具体表现，但是又积极参与其中，发挥着不可替代的作用，这就是能动性的表现。移民主体性的作用主要表现在两个方面：一是制约着搬迁安置实施管理活动的方向。水库移民的主体意识直接影响着搬迁的倾向性，能动性影响着水库移民对安置方式和搬迁去向的选择与作用的方向。这些影响除了可以加快搬迁进度，还能延缓甚至停滞搬迁时间。二是制约着实施管理活动的效果与性质。搬迁进度能否达到预期的目标，在很大程度上取决于移民群体的能动性、主导性。

四、水库移民的双重性

水库工程的建设由国家审批通过，也由相关的政府以及建筑机构来共同配合完成。为了实现我国的经济发展，促进我国国民经济水平的提高，水库工程建设成为重要的途径。水库建设当中最重要的移民安置工作相比水库建设本身还要重要许多。移民作为移民安置工作当中的主体，虽然会因为该工程造成一定的损失，但为了配合国家的命令执行依旧进行搬迁工作，由此搬迁也会让移民产生极大地违背自身意愿的心理，这种心理称之为"非自愿性"。从人性的角度看，这种"非自愿性"不会独自存在，从移民的自然、社会等属性的发展角度看，其中也存在着一定的"自愿性"。

（一）水库移民的自愿性

（1）移民的社会性，决定了他们在社会生产生活中处于主人翁地位。水库建设为淹没区的农民创造了许多新的经济收入来源，从根本上说是符合移民群众心愿的。如果过分强调移民个体的文化层次低、生产技能差，并且将水库建设的重要性作为主要表达的内容，会让移民产生被动和强迫的心理。没有了移民自主离开、协调社会经济发展的良好思想，也完全破坏了移民工程的社会性质。移民的地位已不再是这一事件的主人翁，更多的是作为被动者被众人认知。

（2）通过多次的观察总结，不难发现，移民的社会情况，其本身拥有的发展规律和发展动态，不可能依照某个社会人的心愿和意向去决定。虽然如此，但从根本探究，社会的形成是大众意愿的集合，其与个人的意愿又有着千丝万缕的联系。因此，在移民过程中，向移民展示强制性的意愿不但会让移民对搬迁产生抵触心理，还会对移民未来搬迁后的社会稳定和经济发展造成诸多不良的影响。

（3）除了保证移民的社会性质外，移民的财产也是移民工作中牵扯最多的内容。从移民工程的整体利益角度出发，水库建设完成后的淹没区域就是移民原来的家园，许多可移动的财产被移民带走，但是更多不可移动的财产就会被水库覆盖，如房屋、良田等，这也就使移民在经济上产生了一定的损失。这样的事实会使移民在心中产生一定的情绪，在情绪的操控下，移民会拥有与意愿上完全对立的心态，这样会让移民对搬迁犹豫不决甚至产生抵触心理。而事实上，以辩证的角度去看待整个过程，这两种相对心态的根本利益没有差别。水库移民不能局限于小的方向上思考，我国之所以修建水库，从来不是为了某个人、某个公司谋求利益，而是为了全体人民的共同利益。社会主义的大背景下，所有人都在祖国的庇佑和帮助下成长，所以水库移民在表面上是帮助国家，配合国家的需求，但实际上这些利益的归属者还是移民本身。因此，移民的损失更多的是让全体社会人民获得了利益，大部分移民都可以理解和支持。

(4) 为了对水库移民进行深入研究，相关的研究学者将现实生活中移民的表现进行总结，通过理论与实践相结合得出最终的结论，水库移民迁移具有自愿性。从宏观角度看待移民搬迁这一事件，它的存在是合乎常理的、具有自然规律的行动。另外，从移民效益的开发角度来看，移民工作的目的较多，目标层次也较多。即便如此，对移民的自愿心理探究还是要从移民的整体心理活动取向抓起，针对个体研究随机性大，因此不能作为主要的参考内容。在调查过程中明显发现，少数的个人非自愿性不能改变整体移民的自觉和自愿的性质。

(5) 水库移民自愿性需要引导，不是自发的。移民群体自愿心态，是需要在移民搬迁安置实施管理中，通过移民机构深入细致的思想政治工作，运用必要的行政和法律手段，使移民群体改变搬迁只是损失的观念，树立在迁移中开发、在损失中求效益的新观念。只有加以开发、引导巩固和发展，移民自愿性才能升华到自觉性高度，才能树立支持国家建设发展经济、提高生活水平的强烈愿望和顾全大局、共同富裕的协作精神。

(二) 水库移民的非自愿性

移民群体平均文化素质偏低、生产技能单一，搬迁后原有生存环境中所依赖的社会关系和经济来源被打破，生活习俗、生产习惯被改变，新关系、新经济来源的重建要经历较长过程，并伴随着一定的风险，必然会引起移民心理状态的变化。由于对搬迁后新生活的迷茫，必然会产生一定程度上的非自愿性。

(1) 抗拒心理。水库移民安置过程中，必不可少的一个步骤就是移民的搬迁。搬迁是一个艰难的过程，也是一个复杂的过程。在这一过程中，不仅对需要搬迁的移民来说较为麻烦，对相应的管理机构来说，也是十分复杂的。为了更好地处理移民的搬迁问题，相关的机关管理人员会设定相应的计划对移民搬迁进行安排。但是在执行过程中，移民有时会产生一种与实施管理内容对立的心理，这种心理就是抗拒心理。在搬迁过程中，产生这种心理是非常危险的，很可能导致搬迁工作不能顺利完成，从而致使整个工程项目停滞，甚至导致库区社会治安紊乱。要想从根本上解决这一问题，就要寻找问题的起源。抗拒心理产生的情况一般有以下几种：在搬迁过程中有人意外发生事故导致受伤或死亡；在搬迁过程中因某些原因发生争吵；没有正确认识搬迁的内在意义；等等。这样的情况一旦发生，就会迅速蔓延到整体移民的心理上。由此可见，预防移民的抵抗心理十分重要。

(2) 对大部分中国人来说，故乡故土的概念根深蒂固，那是回忆的代名词，也是家的代名词。因此,对于移民的人来说,存在最多的就是怀念故土的思绪,称之为怀旧心理。这种心理表现非常明显,例如,大多数的移民搬迁之后,得到了比原来生活更加优越的条件,但总觉得自己依旧没有达到原有的生活水平,在思想上也依然觉得搬迁后的地区远比不上自己曾经生活的地区。实际上,出现这种现象的原因就是怀旧心理在作祟。移民对于原有故土以及搬迁后区域的比较方式都是以吾之长对彼之短,这也是移民觉得搬迁后的区域没有故乡区域好的原因。这种比较十分片面,没有综合实际情况进行科学的比对,而移民对于故乡的依恋以及对现在搬迁地的不满也逐渐浮现出来。

(3)每一次水库工程都会或大或小地进行一些移民安置工作,在每次水库移民项目中,无论移民是多是少,从总体上看都算是一个群体。而搬迁后,由于政府补助的金额不同,补偿方式不同等,会导致移民产生经济水平上的差距,差距的产生就会导致移民之间相互比较,产生一种心理,称之为攀比心理。这种攀比心理在行业之间发生的概率较大一些。这就好比本书之前所说的移民产生的怀旧心理。在怀旧心理中,移民们喜欢将自己故土的优点与现住区域的缺点进行比较,攀比心理也是如此,一般情况下都是一种行业用自己的短处与其他行业的长处相比较而产生落差和不满的心理。在一般的移民之间,他们通常会自认为自己应该得到更多,但相比之下,他人却得到的更多,这也是攀比心理出现的一个重要原因。

(4)水库移民工程对移民来说影响巨大。为了保证移民工作的顺利进行,移民工程会提前告知需要搬迁的移民,让移民们做好相应的心理准备。突然搬离自己的故乡,这无疑是晴天霹雳,可能有的移民一生的积蓄都在这片土地上,无法搬离。为了让移民更好地配合,相应的组织机构在告知需搬迁的消息后,会向大众说明国家给予的补偿、补助等相关内容。在两种因素的双重作用下,移民们就会产生摇摆不定、前后不一的矛盾心态,本书将之称为移民的矛盾心理。实际上,致使移民产生矛盾心理的因素很多,表现的方面也很多。

以下是对移民矛盾心理表现的总结:其一,搬迁与不搬迁之间的矛盾。中国人对故土的情感和思想根深蒂固,没有人愿意离开故土背井离乡,故土是家的代名词,与故土的感情可谓是难舍难分。因此,移民们在内心深处对搬迁都是抵触的,但若是不搬,就违背了国家的政策。其二,移民最终选择搬迁后,对于居住地区的选择。世界上不存在绝对完美的地区,每个地区都有优点和缺点,而在面对不同好坏的区域选择上,大多数的移民都有了"选择恐惧症",久久不能确认自己到底选择去哪里居住,更有甚者,直至水库放水也没有确切的抉择,仍犹豫不决,最后落得"水漫金山"的下场,才草草了结居住地选择的问题。这方面的矛盾心理不但会对移民的生命安全造成威胁,还会对相应的水库工程项目顺利进行造成巨大阻碍。其三,移民在搬迁过程中产生的依赖性和独立性之间的矛盾。按照这种说法,可以将移民划分为两种:一种是依赖性移民,另一种是独立性移民。依赖性移民一般情况下会展现出其本身的非自愿心理,在思想上遵守着"等、靠、要",成为整个搬迁过程中的重要阻碍。独立性的移民虽然会主动配合工作进行搬迁,但由于其本身对相关工作事项的内容没有详细的了解,导致其部分的非自愿心理展现出来。这种矛盾心理也是整个相关工程的重要阻碍。其四,移民的搬迁从宏观角度看,是对国家相关政策的配合,搬迁后不但会得到相应的补偿,还有各种补助,从某种意义上说,会让移民产生一种优越感。但相应地,除了优越感以外,由于居住地而产生的经济水平无法恢复、对该地区的陌生以及周边人事的生疏,也会导致移民产生自卑感,这两种情感也是移民心理矛盾的一种展现。

第三节 水库移民的迁移效应

水库移民迁移不仅是人口搬迁与安置问题,而且是国民经济发展到一定阶段的产物,既是经济资源和要素资源重新整合的过程,又是社会结构局部性变迁与发展、社会关系重构的过程。

一、移民搬迁安置效应

效应就是在有限环境下,一些因素和一些结果构成的一种因果现象。水库移民远迁到安置区后,会对安置区产生一定的影响。

(1)经济效应。水库移民迁建以空间上的不平衡性对迁入、迁出地产生多方面影响,这种行为直接改变了迁入地和迁出地的人口总量,尤其是整体迁建,使两地人口数量的绝对值和比值发生改变。相对而言,会产生政治、经济文化等各方面变化,特别是有限的自然资源,迫使经济发展模式产生较大变化。

(2)环境生态效应。水库移民搬迁使安置区人口密度骤增,必然会直接影响到区域内的生态环境，特别是大农业安置的移民，由于经济发展和短期收入的需要，在生产过程中往往对环境资源不能合理利用，导致生态环境的严重恶化，影响安置区（移民和安置区原居民）经济持续发展。但也有很多地区因移民迁入有了更多的资金投入，加大了对生态环境的科学治理，使环境得到改善。

（3）社会效应。水库移民打破了安置区原来的人口均衡状态，他们和原居民在行为方式和价值观念上相互影响、相互交流融合。这种微观的社会整合过程从长远看有利于增强社会的活力，从短期看则有可能产生多层面的摩擦，引发社会问题，如文化冲突、犯罪等。结合实际情况，移民的文化背景对移民在新社会环境中会有很大程度的影响，就该内容可以按两种情况阐述。第一种情况：移民群众的原有文化背景优秀，不但容易在新的社会环境中生存，还会使原住居民对移民群众产生好感，甚至是仰慕；第二种情况：移民群众的文化背景相比原住居民的更弱一些，文化水平普遍较低，这样就会使原住居民对移民群众产生鄙夷、敌视的心理，移民群众为了更好地生活，会逐渐改变自己的行为举止，让自身的行为以及思维观念逐渐符合该地区的社会要求。

二、移民迁移成本

迁移成本是指移民在搬迁安置活动中产生的所有损失的绝对值（包括价值和使用价值）和地方政府的各种资源（包括人力、物力和财力）投入。

（一）管理体制运行成本

水库移民管理体制的制定、运行和调整都会伴随着一定成本。主要包括水库移民管理体制成本、体制试错和校正实施成本。

1. 水库移民管理体制成本

水库移民管理体制包括两个方面：一是政策法律法规体系，二是组织管理系统。这两个方面相辅相成，组织管理系统在政策法律法规的体系下运行，共同构成组织的运行环境。管理体制的制定和实施都会付出成本，首先是制定政策和管理制度都要付出巨大的机会成本并且不可逆转；其次是实施管理行为，必须追加更多额外的规定来补充、完善和细化，致使付出更多管理成本。

2. 体制试错和校正实施成本

体制试错和校正实施成本包括公众的反对成本、协调成本、组织成本、试错成本、监督执行成本等。这部分成本应具体问题具体分析，与移民搬迁安置实施管理工作直接相关的应内部化，成本投入应由业主承担；与移民搬迁安置实施管理工作不直接相关的可以向外部转移，由政府从水库建设与开发的收益中予以开支；移民搬迁安置实施管理工作出现失误则由政府完全承担。

（二）社会成本

社会成本是由于搬迁造成社会网络错乱而给移民带来的各种损失（包括经济来源和心理）。我国的农村社会，家庭、家族关系和邻里关系所构成的社会关系网络是农民维持和发展生产的重要社会资本。迁移将不可避免地造成原有社会组织方式瓦解和社会关系网络破裂，多方面的资源随之丧失，经济收入渠道被破坏，心理压力增大。首先，强制性搬迁移民扰乱了现存的社会结构，使社会群体、社会组织和人际关系分散，使亲戚之间变得疏远，互帮互助的关系网、相处融洽的小群体、自发组织的服务团体被拆散了。其次，生活习俗、生产耕作方式等一些传统农耕社会所依赖的社会心理稳定性因素在移民搬迁安置之后多半荡然无存，还可能与安置区居民生产生活产生矛盾，增加移民的忧虑感，给区域社会带来一些不稳定因素。

（三）经济成本

移民迁移经济成本包括经济发展停滞的损失、搬迁损失和搬迁后生产生活增加的成本。搬迁损失是指移民在搬迁过程中产生的各种损失以及移民参与搬迁安置活动时投入劳动（包括时间和劳动力）却没有得到相应的经济补偿。水库移民的搬迁之日是以省级人民政府"停建令"下达之日算起到安置实施完毕，是一个漫长的过程，一般都要花费几年时间，有的水库甚至达到十几年。在此期间，水库移民都会停止经济发展活动，不再投入资本，也就相应损失一部分经济收入，同时也会停止基本建设，等到移民规划设计工作人员进行实物调查时，房屋及附属设施已经远远偏离了原来的成本价值，补偿标准也相应变低。搬迁后生产生活增加的成本是指移民在安置区重新建设房屋所增加的自有资金，以及安置后由于不适应造成生产水平暂时下降的损失。

三、水库移民的损失与预期收益

水库移民迁移过程不具有市场选择性，从原居住地搬迁进入安置地往往是一个突变过程，必将导致移民居住的自然环境与人文环境发生深刻变化，在给移民带来损失的同时，也给移民创造了一定的发展机遇。

（一）移民损失的类型

损失包括因水库淹没、浸没、塌岸等造成的土地、房屋及其附属物、地面附着物以及公路、电线、通信等各类专业项目设施的废弃、拆除、损耗产生的损失，还有移民搬迁安置过程中的各种资源消耗。

按照损失是否可以计量，可以分为有形（显性）损失和无形（隐性）损失。有形损失是有形实物或无形实物可以用货币计量的损失。如房屋、土地、道路、电线、林木、个体企业设施、工业企业设施等，这些项目具有可计量的特点，采用货币补偿计算较为直观。无形损失是难以用经济价值来表示的损失，如文物古迹、历史名胜的损失，土地等自然资源的减少，及因淹没引起的环境变化、生态影响等。

按照移民搬迁安置损失涉及的性质，可以分为经济损失、社会损失和环境损失等。经济损失大多可以定量统计其淹没数量，进行补偿计算，如土地、房屋、工厂、公路等，而社会损失和环境损失，则无法定量计算，无法明确补偿，也无法测算出修复的投入（包括人力、物力和财力）和收到的效果，很多情况下会造成永久性损失。

（二）移民损失

水库建设与开发的特点是淹没范围大，移民人数众多，造成多方面的损失，有些是直接的、可见的、有形的；有些是间接的、不可见的、无形的。总体来说，分为经济损失、社会损失和环境损失。

1. 经济损失

（1）土地损失。土地包括耕地、园地、林地、牧草地、其他农用地和各种未利用地。对于移民来说，土地不仅是他们生存的保障，而且还是就业、养老的保障。土地损失是指土地被淹没后，失去了原来或潜在的利用价值，造成损失。根据《中华人民共和国土地管理法》（2004年）和《大中型水利水电工程建设征地补偿和移民安置条例》（国务院第471号令，2004年）的规定，土地补偿费和安置补助费的单价计算公式如下：

农用地补偿费和安置补助费单价＝土地被征用前3年平均年产值×（土地补偿倍数＋安置补助倍数）

约束条件为补偿补助倍数不小于转化成土地被征用前3年平均年产值的16倍。

这种补偿方法是按照传统的粮食经济作物来测定土地前3年的农业产值，采用统一的计算方法，没有考虑灾害、农产品价格低迷和物价上涨等因素对补偿的影响，更没有考虑国家政策的影响（如农村税费改革后，国家为了鼓励粮食生产,先后出台了一系列的惠农政策,包括粮食直补、水稻良种补贴、油料补贴等直补金),不能真实体现土地的潜在收益和利用价值,土地的社会保障价值也被缩小化。

根据我国实际情况,主管部门又选取了一种补偿方式,就是划分片区,重新定价,这就是补偿的"片区价"。这种补偿方式采用综合平均求得土地的价值,与单价计算相互补充。

(2) 财产损失。财产损失有直接损失和间接损失。主要包括房屋及其附属建筑物的受淹损失、林木损失、安置后生产生活成本的增加。

1) 房屋及其附属建筑物的受淹损失:主要指房屋及其附属建筑物拆迁后不可利用部分的损失和在安置区建房追加的额外资金。目前,我国水库移民多处于偏僻山区,房屋是移民继承或者按照低标准建造的,补偿的平均标准较低,计价与在安置区重建时间间隔很长,再加上建筑材料、劳动力的价格上涨,补偿费很难支付新建房屋的费用,不得不追加投资,造成移民经济损失。

2) 林木损失:主要指水库淹没和工程占地征用林园地和农村移民原居住地等范围内的零星果木的损失,包括林木和零星果木等。目前我国是通过实物指标调查现状对林木损失的一定倍数进行补偿的,没有考虑未来收益。

3) 安置后生产生活成本的增加:如由于建房原材料产地变化,不得不追加资金;安置后耕作半径延长,交通费用增加,农产品市场交易成本增大等损失。

(3) 经济收入损失。这类损失主要是指以农业生产为主要经济收入途径的农民,随着土地淹没或有地农民的搬迁安置,获得的土地数量一般都有所减少,单一的生产技能无法保证恢复原有经济收入水平。虽然政府提供了新岗位或指引了新经济收入渠道,但对部分移民来说,由于自身条件限制,无法尽快适应新的生产方式,不能取得预期效果。

这些经济损失的存在是移民贫困根源,影响区域社会稳定和可持续发展,可能会引发返迁等社会问题。

2. 社会损失

社会损失是由于搬迁给移民带来的心理压力。社会关系网络是一种重要的社会资源,是许多农村家庭极为宝贵的财富。对于农村的居民来说,除了日常的生产生活外,最主要的业余生活就是与四周邻里的交往。这样的交往关系产生一种庞大的社会关系网,许多生产和生活上的问题,都可以通过这种社会关系得到解决。除此之外,它的存在也是农村社会环境安全、社会稳定发展的重要保证。随着移民安置项目的进行,这种关系就会遭受极大的破坏,甚至因为搬迁地相距甚远,这种关系也随着时间的流逝逐渐消失。无论从个人角度还是宏观角度,对个人和社会来说都是极大的损失。移民会因此产生不安全感,相应的社会环境也会缺失一定的安全和持续发展的重要保障。

3. 环境损失

移民在搬迁后会引起多种后续事件的发生。如因水土不服、生活环境产生差异而引发的移民群众身体健康情况普遍下降,或引发一些传染性疾病。环境损失就是指因生存环境发生变化而产生的移民生产生活水平下降、健康水平下降的状况,另外还有因搬迁导致的土地开发力度变大,单位地区人口基数增加、相应地区自然环境水平下降的诸多现象总称。

(三)移民收益

水库移民往往地处偏僻山区,基础设施缺乏,搬迁安置在造成大量社会、经济、资源损失的同时,也产生新的发展机遇。在地方政府引导下,移民在安置区能够尽快寻找到新的定位和机遇,适应新环境的社会和经济发展要求,实现可持续发展。

1. 拉动经济发展

水库建设与开发项目作为一种产业,对基础设施、公共事业具有很强的经济拉动作用,可与地方基础行业联动发展,有利于促进区域社会的人、财、物、信息和民族文化协调发展,对就近安置移民群体的经济发展起到带动作用。

2. 政府扶持与优惠政策

水库移民获得的最大收益是政府的扶持和优惠政策。在我国目前市场经济快速稳定发展的条件下,农村大量富余劳力转移已成迫切需要,水库移民也就相应得到了机遇。虽然远迁移民家底薄,但地方政府通过深入细致的规划,通过制定出一系列切实可行的方针、政策,采取资金补偿、政策支持、产业扶持、对口支援等多种方式,在充分保证移民有足够口粮的同时,努力创造适合移民的多种经济收入渠道。这是我国水库移民安置方针的要求,经济可持续发展的要求,同时也是保持区域社会同步发展的要求。

3. 提高生产技能

实际调查表明,移民对生产技能提高的渴望高于对扶助资金的需求。水库移民在生产中遇到的最大问题就是"双低",即文化素质低和生产技能水平低,一是没有合适的专业培训机构,二是没有或者舍不得投入一定的资金交纳培训费。

这就直接导致他们参与市场竞争、寻找新的就业机会、创造新的收入来源的能力有限，制约着经济发展。安置工作为他们提供了一次较好的机会。政府根据国家法规和移民安置后经济发展目标的实际需要，用专项资金对移民进行有组织、有计划以及多种形式和不同层次的技能培训，转变观念，提高素质，促进他们顺利恢复生产和发展。

4. 后期扶持

后期扶持主要是帮助水库移民脱贫致富，促进安置区社会、经济协调发展。2006年5月国务院下发了《国务院关于完善大中型水库移民后期扶持政策的意见》，详尽地规定了后期扶持政策的指导思想、目标和原则，扶持标准、扶持方式以及政府工作重点和工作要求。

5. 资源共享

工程是目的，移民是关键。移民搬迁安置是水库建设与开发工作的延伸，是水库建设顺利进行的基础和保障。在移民迁入安置地以后，社会资源、经济资源、政治资源、自然资源等进行再分配的同时，直接享有了国家政策、安置区域的公共资源、基础设施等成果。如住房建设和社会主义新农村建设联系起来，使移民直接享有新农村建设政策的成果，实现"四通"，做到"六有""七配套"，即通路、通电、通水、通话，移民有耕地、有住房、有生产工具、有圈棚、有社区组织、有管理措施，卫生、学校、文化、计划生育、治安、信贷、集贸市场等场所的配套，使移民进得来、留得住，安居乐业。

第四节　水库移民的社会适应性调整

水库移民作为一种特殊的社会经济现象，不是单纯的人口搬迁安置和自然环境的改变过程，更是一种社会—文化—经济以及社会心理的变迁过程。因此，水库移民的社会适应性调整是移民安置是否成功的最终标志，是移民搬得出、稳得住、能发展的内在表现。

一、社会适应性调整概念

社会适应性调整是指水库移民的心态、生产生活习惯、自身权益保障和问题反映申诉等一系列各种相互影响和变化的社会适应过程。

水库移民在安置区进行重建社会关系活动，开始新的社会生活、政治生活和精神生活，这是水库移民得以融入安置区社会结构和适应生活的基础，也是开发性移民得以实施和致富奔小康的基本保证。根据多座水库移民调查综合分析，得出的结论是：多数移民的经济收入、生活习俗和生产劳动的适应状况随时间推移逐步与安置区融合，相互包容；而邻里关系、社会网络的建立则随时间推移明显淡漠。这充分说明，生产生活方面的适应能力随时间推移会逐渐好转，达到平衡，主观心理方面的适应状况则有可能随时间推移变得更差。

二、安置区移民群体心理

水库移民作为特殊的社会群体，安置后受到现实情况的影响，心理变化异常复杂。通过调查和对统计资料分析发现，移民群体有明显的"心理共性特征"，称之为群体心理，主要表现在以下几个方面。

（一）心理压力大

在中国，水库淹没影响的大部分移民是依赖土地为生的农民。移民搬迁安置面临着原有生存环境中所依赖的社会关系和经济网络被破坏，新关系、新经济来源的重建活动伴随着风险并要经历一个较长时期，语言、文化、风俗习惯、生产方式等都需要一个适应过程，移民自身的文化背景、价值观念、思维方式与安置区居民传统文化的碰撞和冲突，会给移民带来巨大的心理压力。

（二）失衡

水库建设与开发，使移民相对稳定的生产生活体系遭到破坏，搬迁安置又付出一定的物质、心理和社会成本，虽然国家投入巨大资金给予补偿，但很难达到成本和收益间的平衡。从现实来看，移民在搬迁初期，由于对生产不适应造成收入减少，短期内生活水平降低；公共设施不健全，生活不方便，风俗习惯的差异容易造成邻里关系暂时不和睦等。这些问题常常难以使移民达到平衡状态，再加上某些具体事件容易引起移民心理上的归属感丧失，某些权利相对被剥夺，就会造成移民心理失落、不满甚至有些恐惧。

（三）尽快致富

移民搬迁到安置地后，能够更加积极地适应当地自然环境，调整相应的生产方式和创新经济发展模式，尽快恢复或达到原来的生产生活水平，他们比原居民愿意付出更多的努力实现尽快富裕的愿望。

(四) 攀比

安置地区条件相对较好,原居民收入相对稳定且高,也容易使移民按照一定的主观标准对双方进行比较,产生一种差距感,形成攀比心理。比较方式虽然是以横向攀比为主,但攀比内容与搬迁前有所不同,侧重点偏向两个方面:一是水库移民内部的经济发展速度比较,一段时间内没有达到预期致富目标的移民群体与率先致富的移民在经济收入方面进行比较,不考虑自身的生产能力偏低,只是找一些客观原因,怨天尤人;二是水库移民与原居民攀比,水库移民生产生活水平没有达到原居民的生活水平,部分移民就会单纯强调客观条件,忽视主观努力,认为自己因客观条件差而"吃亏"太大。

三、社会适应性调整

水库移民社会适应性调整的成功与否,主要取决于两个因素:一是政府的移民工作思想是否正确(包括移民理论、路线、方针、政策等),二是移民主观认知状态是否自愿。

(一) 思想稳定转变

水库移民在多方面影响着移民的生活,搬离故乡去陌生的地方生活对移民的生产生活以及心理都会产生巨大的影响。其中,最重要的就是移民的思想。思想的转变十分困难,需要很长时间才能做到思想的转变。移民心理的调整可以分为两种因素,一种是外部因素,另一种是内部因素。外部因素是指在移民过程中,政府对移民进行的相关指导工作;内部因素是指移民自己内心的调整。在现实中,移民虽然会得到政府的补助和补偿,但实际上,许多家庭依旧无法达到原来的生活水平,移民搬迁后的生活水平普遍较低,甚至在未来,他们的生活和生产有了更多的不确定因素。除此之外,移民大多与安置地的人们不熟悉,地域文化、风俗习惯等会有一定的差异。中国人对故土有一种特殊的情怀,所有人都有一种怀念故土、追念从前的心理,而移民也会对曾经的故乡有所怀念,上述的一系列因素都影响了水库移民的心理,同样会引发社会区域发展的不稳定。

(二) 习俗调整与适应

习俗是一个群体在区域社会的自然环境、社会条件和经济水平下,在长期历史发展过程中逐渐形成的共同喜好、习尚和禁忌等一切固定或半固定的风俗与习惯,它表现在饮食、服饰、居住、婚姻、生育、丧葬、节庆、娱乐、礼节和生产等方面,具有稳定性、民族性、敏感性、群众性、地域性等特点。不管迁移距离远近，都会造成吃、住、行等生活习惯不同程度的改变，对其能否"安得稳"的影响极为深远。习俗的调整和适应，是历史文化沉淀过程，是自发形成的。移民机构要加大协调力度，改变或减弱移民群体和安置区原居民相互间的抵触情绪，使他们自觉自愿在沿袭自己习俗的情况下，包容各种新型的生活习惯。经过一定时期的融合，双方习俗就自然做到百花齐放，共同发展，相互包容，相互渗透。

（三）生产方式调整与适应

人类开始存在到发展至今，是一个漫长的过程，也是生活的一个不断积累过程。随着人类社会逐渐形成，人们的生活方式和生产方式也形成了一定的规律和形式。人们结合自己的生活和生产不断累积经验，最后形成了如今的生产生活方式。生产是人们生活的根本依据，也是获得财富的方式，而移民安置工作的进行也会导致移民群众的生产方式发生改变。为了未来生活更好地进行，移民群众会根据自身所处环境和自身拥有的条件来调整生产的方式。移民调整生产的动力因素一般可以分为两种：外部因素和内部因素。

外部因素的主要内容如下：为了让移民能够拥有自己的生产渠道，更好地实现未来的生活目标，政府会制定相应的政策，通过集体教育的方式提高移民的素质和文化水平，让他们掌握某种技术，让自己拥有独立发展事业、从事生产的基本条件。对社会上的产业结构进行科学地分析并向移民群众介绍，让他们了解各行各业的优缺点，依条件寻找适合自己发展的行业，自力更生，增加自身的能力。与此同时，该地区的产业以及政府积极配合，为他们提供一定的技术等相关需要的支持，开展相应的销售服务活动，等等。实际上，外部因素在帮助移民自主生活的同时，对内部因素有一定的带动作用。内部因素的内容如下：通常情况下，水库修建的地点一般都在山区，以至于移民群众大多来源于山区。山区移民普遍文化水平较低，生产能力较弱，将这些移民群众安排到生产条件较好的地区，会让移民们开始追求更好的生产方式，从而引导移民们调整自己的生活和生产。综上所述，为了让移民群众对生产的调整从被动化为主动，外因对内因的带动和配合是必不可少的。

（四）区域社会融合

区域社会融合实际上就是移民与安置区原有居民相互融合，有利于移民的生存和长期发展，有利于区域社会的繁荣稳定。融合主要指经济、社会和文化三方面的融合。

1. 经济融合

这是影响移民与安置区原居民之间关系的一个主要因素。在安置实施管理阶段，移民和原居民能够相互接受的核心和动力就是经济因素：移民的动机是看好安置地经济发展前景；而安置地村民的动机是认为移民安置能带动本地经济发展，两者都是谋求经济上的利益。

水库移民到安置区面临很多困境，首先是在补偿资金不充足的情况下改善居住条件，需要自己追加投资，造成一定的经济和心理压力；其次是对安置区经济发展实际情况的认知和心理预期存有一定差距，没有寻找到成熟的经济发展途径，经济收入处于停顿或消退状态，很难达到安置区原居民的经济发展水平，可能产生失落感和不满。对于安置区原居民来说，接收移民虽然失去了一部分自然资源，但同时也获得了一定的经济补偿，改善了生产基础设施，经济状况不会受到太大影响。移民迁入也带来了很好的发展机遇，从移民重建基础设施、房屋和生活消费等开始，就为本地区的经济注入活力，拉动了各行各业的发展，安置区原居民直接获得巨大利益，但存在的隐患是水库移民和原居民的经济收入水平差距有扩大趋势。要解决这种矛盾，就要使移民与安置区原居民的经济发展同步。地方政府必须把移民的经济发展规划与当地的经济发展相结合，并根据移民的具体情况分类，如移民的年龄、技术技能的特点、文化水平高低等，结合当地经济发展和市场需求状况，分别帮助指导移民进行生存模式和职业选择，促使区域社会经济发展进入良性的循环。

2. 社会融合

社会融合受安置区原居民和移民双重制约，其中拥有主体平等权利是移民在安置区稳定发展的基础，也是两者之间实现真正意义上融合的基础。虽然移民相对来说是弱势群体，但不是特殊群体，在享有政策规定的优惠措施外应与原居民一样既享有基本权利又必须承担应尽的义务，不应享有特权。在移民搬迁安置实施管理过程中，移民不论是以组或村为单位迁建到安置区，还是分散安置，政府首先关注的是移民，由于移民是舍小家保大家的奉献者，做出了一定的牺牲，所以开展工作时怀有一种补救的感情，尽量为移民创造好的安置环境。

但在无形中也给部分移民造成了"特殊公民"的错误思想，不能正确客观地评价自己。当矛盾产生时，安置地部分原居民容易排斥移民，对政府工作产生不平衡感，认为政府重视移民而损害原居民的利益，同时从内心认为自己才是真正的主人。两者之间的角色差异、认识差异就会直接表现在观念和行动上的冲突，使移民很难融入当地社会中，也不利于区域社会的稳定发展。这就需要地方政府在协调移民和安置区原居民的关系时，强化社会管理职责，协调各种利益关系，妥善处理各类矛盾，加快建立科学有效的利益协调机制、诉求表达机制、矛盾调处机制和权益保障机制，维护移民与安置区原居民群众的合法权益，维护社会公平。

3. 文化融合

文化融合不是消极的同化过程，而是积极的社会整合过程。水库移民搬迁安置实施管理的最终目的是移民与安置区原居民全面积极地融合到当地社会中，在相互促进中共同发展。其中文化观念融合尤为重要，这是两者和睦相处、健康发展的基础。不同地区甚至同一地区不同部分之间的文化习俗各不相同，虽然都在国家法律允许范围内，但相互之间既有相似也有矛盾和冲突。移民特别是远迁移民群体因为与安置区距离远，文化差异表现得尤为突出，一般偏重于文化矛盾和冲突。地方政府在移民迁入安置区，进入生存环境和社会关系的重建时期，有针对性地出台促进移民文化融合政策，对移民与原居民的科学观进行系统的、有针对性的培训与教育，尽量减少、化解差异造成的文化冲突。

四、社会适应程度评估

社会适应程度评估是通过分析安置区水库移民的社会适应程度和原居民对他们的可接受程度，综合反映移民的社会融合度和自育能力，评价移民搬迁安置实施管理的社会可行性。一般来说，移民的社会适应程度，可以从以下几方面进行评估。

（一）移民政策的认可与满意度

移民作为移民安置项目中的主体，其思想和态度不但影响着相应的水利工程项目的进程，更影响着我国社会经济稳定的发展。因此，移民对我国有关移民方针政策的态度是非常重要的。其态度表现在多种方面，如对相关政策的了解程度、对相关政策的感受、理想中相关政策的实施与现实落实结果的对比程度、拥有的看法和体会等等。从宏观角度出发，移民对政策的判断带有浓烈的个人色彩，其与个人的经济地位、性格特点、文化水平等有着十分重要的联系。因此，对于地方政府相关政策的落实以移民的主观角度看，最能体现相关政策全面、客观的影响。例如，移民不能够理解政策的内容，政策的实施与前期陈述的政策内容落差极大，都会让移民产生不满和失落的心理。如果移民政策真正落实到位，得到广大移民群众的理解和支持，认可与满意度就会很高，也会帮助有不良看法的部分移民群众转变观念，提高满意度。

（二）面对现实，解决问题能力

搬迁安置导致水库移民社会环境和社会角色转变的突变性较大。经过一段时间的心态调整和适应，他们对周围所处的环境、事物有了清醒、客观的认识，使自己的思想、目标和行为能与区域社会发展同步，协调一致，融为一体，对生产生活中遇到的各类问题、困难和矛盾，都能以切合实际的方法处理，不悲观失望、怨天尤人、寻找各种客观理由逃避。这是移民在安置区能否"稳得住"的基础。

（三）自我认知度

移民对自身的了解在移民过程中起着非常重要的作用。自我认知的含义是能够清晰地分析自己，对自己进行客观的评价和观察，得到较为客观的自我判断。自我观察的含义是对自己内心想法、思维定向等方面的探查；自我评价指的是个体对自身的性格特点、行为方式、人格品质等方面的自我考量和评价，这也是自我调节过程中十分重要的内容和因素。自我认知度也就是自己对自己客观实际的了解程度。

对于自我认知度高的移民来说，能够从实际情况出发了解自身经济能力，与原居民的各种差距，自己的优缺点，经济发展的各种有利和不利条件，并能合理安排生产生活，寻找和学习适合自己的经济发展机会和技能，增加经济收入，而不是怨天尤人。自我认知度低的移民群众不能很好地了解自己的实际情况，不能很好地融合在安置区中，总是把不幸和贫穷归咎于别人或政府，长此以往，这种消极影响可能会引起矛盾。地方政府加大工作力度，制定有针对性的政策和措施，帮助移民剖析现状和发展方向，稳定移民的思想。这是移民能否适应安置区的基础，是否发挥主观能动性发展经济的动力。

（四）和睦相处程度

这是考察移民的融合程度，是水库移民在安置区的社会适应程度和安置区原居民对移民的接受程度。和睦相处，即移民在生产生活中，能够与他人心理相容，相互接纳、尊重，具有施与爱与接受爱的能力。水库移民由于迁建原因经济基础相对较差，如果只衡量自己的利益得失，就会产生失衡感，安置后很难与原居民友好相处、友好交往，生活在相互攀比、相互埋怨、相互排斥之中。这是评估移民在安置区能否"稳得住"的关键所在。

(五) 开拓创新能力

在现实生活中,人们的心态非常重要。一个内心向上,健康快乐的人会学着将自己的工作当作一件非常快乐的事,因为他们会将自己的聪慧想法运用到工作当中,从而完成工作,实现自己的价值并因此获得满足感。移民群众也需要这种积极的态度,将自己的智慧运用到生活生产中去,依照自己的专长寻找适合自己的工作,努力开展新的生产方式,从而提高经济收入,提高生活水平。这是评估移民能否适应安置区生活,发展经济的重要指标。

第二章 水库移民区域经济系统的建立

区域的概念十分广泛,范围大小不一,一条山脉、一个盆地、一个村落等均可称作一个区域。也就是说,人类生活和生产活动都离不开一定的区域。区域是为研究地球上存在的复杂现象,根据一种或几种指标把地球划分为若干具有相同性质的地区。

第一节 区域的一般概念

一、区域的概念

作为自然科学和社会科学研究范畴的区域,因不同的研究目的和对象对区域的界定也不同。"政治学认为区域是国家管理的行政单元;社会学则将区域看作是具有相同语言相同信仰和民族特征的人类社会聚落;而经济学视区域为由人的经济活动所造成的具有特定地域特征的经济社会综合体;地理学把区域定义为地球表壳的地域,认为整个地球是由无数区域组成"。[1]

我国根据地理位置和经济社会发展状况,将全国划分为东、中、西三大区域。山东省为研究省内地区间平衡发展问题,提出山东省"东部地区和西部地区既不是单纯地理上的概念,也不是单纯经济意义上的概念,而应该是两者的'集

---

[1] 彭震伟. 区域研究与区域规划 [M]. 上海:同济大学出版社,1998.

合体',东西部地区是由于地理位置和自然、历史条件以及改革开放先后等差异,造成区域之间经济和社会发展在速度上'一快一慢',由此而形成的区域经济发展不平衡的两个'增长极',且每个'增长极'其地理位置、资源特点、历史条件、经济结构以及经济和社会的发展水平具有相对的一致性"。[①] 由以上区域的涵义和具体划分可以看出,根据研究目的的要求,区域范围可大可小,但根据同一研究目的和划分标准而分成的每一个区域都具有共同的特征。

根据区域概念的界定,区域具有以下几个方面的基本特征:①区域的可度量性,即区域有明确的范围和边界,区域间的排列关系、方位关系和距离关系可以度量;②区域的系统性表现在区域类型的系统性、层次的系统性和内在要素的系统性;③区域的不重复性,主要是指按同一原则、同一指标划分的区域体系,同一层次的区域不应该重复,也不应该遗漏。

二、区域的分类

区域的类型根据研究目的、划分标准的不同,所划分出的类型亦不同。根据地壳上的物质多样性的标准,区域可以分成自然区域和社会经济区域两大类。在自然区域里又可分为综合自然区、地貌区、气候区、植物区、动物区等;在社会经济区域里又可分为行政区、经济区、宗教区、语言区、文化区等。

任何划分标准所划定的区域类型,均可再归并为两类,即根据区域内部各组成部分在特征上存在的相关性,将区域分成均质区和枢纽区。均质区具有单一的面貌,是根据内部的一致性和外部的差异性来划分,其特征在区内各部分都同样表现出来,气候区即是均质区,农业区也具有均质的特色。枢纽区的形成取决于内部结构或组织的协调,这种结构同生物细胞相似,即包括一个或多个核心,以及围绕核心的区域。枢纽区的内部依靠核心向外引发流通线路来联结周围一定的地域,起到功能一体化的作用,如地区内部的中心城市和其服务范围共同形成的区域,即可看成是枢纽区。[②]

---

① 张义国. 山东经济问题研究 [M]. 济南:山东大学出版社,1999.
② 彭震伟. 区域研究与区域规划 [M]. 上海:同济大学出版社,1998.

第二节 水库移民经济的概念

一、水库移民经济的研究背景

(一) 水库移民经济研究的宏观背景

追寻历史的脚步,探索移民的产生和发展,我们会发现,从古至今,移民现象并非稀有。无论是在我国还是放眼世界,移民都是一个较为普遍的现象。影响移民的因素有很多,随着历史的发展,相应的社会经济中心地区、社会管理制度、军事、社会人文甚至宗教信仰都会发生一系列的变化,而这些变化也导致了移民现象的产生。移民的类型众多,产生移民现象的因素不同就会致使移民的类型发生变化。在众多类型的移民中,结合社会发展和历史发展过程来看,最具有典型和积极意义的当属经济性移民。这种移民类型通常都是大规模,这种移民的产生是人们对社会变迁和发展的选择,也是移民的自获性行为。对于现代社会来说,这种经济性移民产生更多的是为了满足我国水利工程建设的需要,通过兴建水库等方式对我国的一些江河流域进行科学的管理,同时提供能源,并且为我国的国民经济发展做出贡献。

纵观世界历史,在千年前就可以查阅到有关水利工程的相关记载,这些记载中也有移民的相关记录。由此可见,水库移民工程在千年前就已经存在了,但普遍的移民项目规模都不大。随着历史的发展,直至近代工业革命完成后,大型的水库移民项目才开始出现。由此可见,随着人类社会的发展,人类对水力资源的需求也越来越大,随着现代工业革命的完成,人们拥有了更先进的技术,这也使水利工程项目拥有了一定的技术支持,使需求可以得到更为具体的实施。

近年来,和平的世界氛围给予了各国经济社会蓬勃发展的大条件。在这个过程中,为了进一步实现国家富强,促进国民经济快速增长,全世界范围内的水利水电工程开始了繁荣的发展之路。据统计,1990~2000年,世界水利工程项目涉及的总移民人数就已经高达6000多万。在此期间,仅是我国的水利水电项目涉及的移民人数就已经达到了1750多万,这其中包含的水利项目众多,包括对江河的水域治理、水库水坝的修建等等。就我国的非自愿性大型移民工程来看,其发生的原因与我国的工业发展、社会经济发展、国民经济水平提升有重要的关联。移民数量的众多也从侧面展现了我国的水利工程建设数量增多,规模增大。因此,从整体上看,这是促进我国工业化和城市化的重要内容,是支持我国可持续发展政策的主要展现,从宏观角度上调整了我国生产力分布的局面,对我国的产业结构和经济结构调整发挥着一定的作用,从变相的角度将人力资源与社会资源有机地结合在了一起,整合了国家的社会经济结构发展以及利益关系,同时促进了我国扶贫政策的实施以及社会资源重配。由此可见,水库等水利水电工程项目的实施不但促进了我国社会经济的飞速发展,还使我国从农业社会向工业社会、传统文化向现代文化的转变更近了一步。水库等水利水电项目是社会主义现代建设的重要成果,而在这当中,为解决移民问题所提出的"水库移民经济"的理论,是经济性移民中理论提升的现实需要和历史发展必然。

(二) 水库移民经济研究的实践背景

总结我国近年来所有的水库修建项目,不难发现,在工程进行的过程当中,关于技术和建设的问题并不是项目的难点所在,在水库等项目当中最为困难的就是水库移民的安置工作。自中华人民共和国成立以来,我国的水利水电工程建设一直在持续的进行当中。由于最初的经验不足,移民的安置处理并不完善,许多遗留的问题也随着社会的发展不断涌现出来。曾经,我国对于水库移民的处理还停留在简单的生活安置以及资金补偿等方式,对其中的复杂性质没有深入的了解。结合过去的经验和教训,为了更好地处理未来水库移民的安置工作,我国进行了相关的研究探索。在不断的努力下,我国最终提出了"开发性移民"的方针政策,为我国移民经济的发展做出了保障,也促进了我国国民经济的飞速发展。

自中华人民共和国成立后,一直到 1985 年,我国在这一时期经历了漫长的水利水电发展时期,其中修建的工程数量多,涉及的移民数量达到了 1000 万。按照建设情况来看,通常将这一时期的水利工程建设划分为两个阶段。第一阶段是 1950~1957 年。在这一阶段,我国的水利水电项目稳定发展,相应的移民政策处理方式较为妥善,补偿工作也十分到位,基本保证了移民的生活生产。从历史发展的角度看,这一时期没有为我国的经济发展等遗留大的问题,发展形势良好,较为稳定。第二阶段是 1958~1985 年。在这一时期我国有关水利工程项目建设呈现出有史以来最大的规模,我国上下以"兴建大型骨干控制性工程"为最终目标,几乎全民投入到了建设水利工程项目当中。在这一历史时期,我国的大型水库修建数量高达280座，如三门峡、密云等工程都是这一时期建设完成的。

大量的水库建设也必定产生大量的水库移民。为解决移民问题，当时也推行了相应的移民解决办法，以下就是对当时移民工作内容特点的陈列：

（1）依靠政策，对移民的安置进行系统处理。这一阶段的移民安置工作着重点在移民搬迁的前期工作上，注重移民搬迁的过程，保证移民搬迁顺利完成。对于后期的移民安置地的家园建设、生产生活方面没有确切的计划安排和政策保证。实际上，如三门峡的水利工程项目就拥有相应的移民安置计划，但由于当时人们对安置计划的轻视，导致该计划只能纸上谈兵，没有实质性的行为实施。这就导致当时大多数的水利工程移民安置存在诸多弊端，致使其产生和遗留了许多问题。

（2）移民安置除了采取传统的"就地后靠"以外，开始尝试实施外迁性移民。但这种外迁移民在工作上存在很多疏漏，如主要重在划拨一定的土地和建设住房，而忽视了安置区必要的水、电、路、文、教、卫等基础设施的恢复建设，使移民"住不下、安不稳"，从而导致移民返迁的现象较为普遍。

（3）在这一时期的水库移民安置项目中，没有合理的移民补偿要求，大多数的移民都在搬迁后产生了巨大的经济损失。产生的经济损失通过仅有200~300元的补偿根本没有得到弥补，移民在搬迁后甚至没有居所，无法保证正常的生产生活。当时的补偿政策并非是按照不动产所占面积计算的，而是平均到个人按照平均移民标准计算，每人补偿几平方米，致使大部分移民生活质量骤减，基本生活水平无法得到保障。这就导致了当时的移民没有基本的生活条件，在很长的一段时间都是处于不稳定的状态之中。

二、水库移民经济概念的提出

随着"开发性移民"方针的提出并成为我国移民实践中的指导思想，及其在三峡工程百万大移民等重要移民实践中的应用，水库移民经济开始引起理论界的关注和研究。但水库移民经济的确切概念到底是什么？它的内涵有多深和外延有多广？对这个问题部分专家学者提出了自己的理解。

贾哗、唐继在建立水库移民经济学的构想中提出：水库移民经济学是研究我国水资源开发利用过程中移民问题产生与发展的规律的学科。已经形成和必将形成的水库移民问题，都属于该学科研究的对象。水利资源开发利用过程中，开发实体与受淹区群众、电站与库区、资源区与受益区、移民与移居地民族、中央与地方等各种经济利益关系问题，都属于该学科研究的范围。笔者认为，他们二人对水库移民经济的中心是"移民的生存与发展"这一定位是准确的，而且对移民经济涉及的各个领域也是颇有见地的，但有将水库移民经济范围扩大的倾向，因为水库移民经济学研究的只是水利资源开发利用活动中移民产生、发展及未来趋势的基本经济关系和基本经济运行规律，而研究"水资源开发利用过程中移民问题的产生与发展规律的学科"应该是包括水库移民经济学在内的"水库移民学"研究的内容。

王骏则提出，移民经济是在20世纪80年代，国家提出"开发性移民"方针，并开始在三峡库区移民实践中逐渐形成、发展起来的，是指以政府引导为依据，按照市场经济规律和运行法则，通过开发性移民迁建的方式，对涉及移民的各种资源进行重新配置，以达到最优的一种经济现象或经济模式。王骏从水库移民在我国兴起的历史背景出发，对水库移民经济提出了较为准确和完整的定义，指出了水库移民经济是"以开发性移民"为原则的经济现象或经济模式，本质上是"对涉及移民的各种资源的重新配置"，但他的定义仍然有进一步发展完善的空间，因为他对水库移民经济兴起的宏观背景没有考虑，而且水库移民经济不仅是经济现象或经济模式，而且还是一个带有鲜明移民特质的经济形态和经济运行系统。

第三节 水库移民经济系统

一、系统与系统观念

"系统"一词来源于人类长期的社会实践，存在于自然界、人类社会以及人类思维描述的各个领域。系统是由相互作用和相互依赖的若干部分结合而成的具有特定功能的有机整体。

按照系统和系统工程的要求，人们在认识和构建系统的时候必须具有相应的系统观念，包括以下几点。

（1）整体优化的观念。系统观念认为，局部优化不等于整体优化，必须从全局出发协调各个局部的矛盾,统筹安排,才能实现整体最优。

(2) 相互联系、相互依存的观念。系统是复杂的,系统中的一个变量将会影响许多其他变量,"头痛医头,脚痛医脚"是无法解决根本问题的。

(3) 动态观念。系统和系统所处的外界环境总是在不断发展变化当中,系统必须动态调整才能适应变化了的内外部环境。

(4) 开放观念。系统必须是开放的,只有与外部环境不断进行信息、能量、资源等的交换,系统才能不断发展。

二、水库移民经济系统含义

参照系统的概念,水库移民经济系统是由与水库移民相互联系、相互作用、相互依赖的若干因素组成的具有移民特质的有机整体。水库移民经济系统是一个不断运动着的要素齐备、结构严密、功能完整的社会经济系统。

水库移民经济系统的存在及其运动,体现了不断变化的经济要素在一定地域空间内相互作用所形成的某种相对的均衡。正是这种系统的存在和运动,才有了水库移民经济的发展和水库移民经济与其他形态经济的分工与合作。因此,分析水库移民经济系统的内部构成和外部环境,描述其结构、功能和特征,是认知和研究水库移民经济的前提。

三、水库移民经济系统要素

水库移民经济是国民经济中的一部分,也是国民经济大背景中众多经济系统之一。对水库移民经济系统的探究需要从其内部进行透彻研究分析。实际上,水库移民经济包含多种要素,如水库移民在安置地的地域经济发展要素,促使水库的移民经济发展的要素。若从该系统的外在部分开始探究,其包含的要素内容也会发生一定的改变,水库移民经济系统最主要的因素就是其本身与其他经济系统共同存在的社会经济大背景。

(一) 水库移民经济系统内部构成要素

水库移民经济具有两个显著特征:一是就水库移民经济的存在空间而言,它是特定区域的经济,具有鲜明的地域性,这也是在发展移民经济实践中贯彻因地制宜的客观原因;二是就水库移民经济复杂内容而言,它是国民经济、区域经济的一个特殊组成部分,具有明显的综合性、复杂性和特殊性。水库移民经济的这两个特征,内在地规定着其系统内部存在相互依存又相互区别的两类要素:一是水库移民经济的地域空间构成要素，二是水库移民经济的发展要素。

（1）水库移民经济区域构成要素。水库移民经济区域是水库移民经济活动的地域依托，是水库移民经济系统的空间构成要素。水库移民经济区域有两个不可缺少的构成要素：一是淹没影响区，二是移民安置区。如果把移民搬迁前淹没影响区和移民安置区看作是相对独立的经济区域，那么在他们各自的经济区域中，存在经济区域不可缺少的三个要素：经济中心、经济腹地和经济网络。

（2）水库移民经济发展要素。经济发展是水库移民经济运行的本质要求。水库移民经济发展要素反映了水库移民经济运动的物质构成和物质变换，它是构成和支撑水库移民经济系统并推动水库移民经济发展的各种自然的、经济的、社会的必要因素。与地域构成要素相比，水库移民经济发展要素具有多元共存和复杂多变的特征。这里对支持和推动水库移民经济系统运行具有重要意义的诸要素进行分析。

1）自然条件与历史基础。自然条件广义上包括大自然赋予的淡水、土地、森林、草地、海洋、矿产、能源等自然资源以及地形、气候、地理位置等自然禀赋。自然资源对于人类经济活动来讲是自生的或原生的条件，在水库移民经济发展诸要素中，自然资源是一种基础性的物质因素，对区域劳动生产力提高、产业结构形成和资本原始积累都具有重要的作用。历史基础是当地经济、社会发展的历史凝结，它虽不像自然资源那样是大自然的赋予，但对水库移民经济未来发展来说，却是已经存在的或者说是原生的基础条件。历史形成的生产力是水库移民经济发展的物质技术基础，生产力水平高、基础厚，水库移民经济发展的起点就高、路子也宽，生产力水平低，起点也就低，困难也就多。历史形成的文化环境，如科学教育水平、历史文化遗存以及人们的思维方式、价值观念、经营理念、耕作传统、生活习俗等表现出很强的延展性，都将对水库移民经济的发展产生重要的作用。

2）人口与劳动力。人类是经济活动的主体，既是消费者又是生产者。从消费的角度讲，人类需求是经济发展的原动力。水库移民经济区域的人口规模及其产生的需求，是水库移民经济发展的强大动力。从生产的角度讲，一定的人口数量和适度的人口增长是保证水库移民经济区域劳动力供给的前提。劳动力的数量和质量是水库移民经济发展的决定性力量。可见，水库移民经济区域人口规模、消费水平、劳动力数量与质量和水库移民经济发展之间，既相互促进，又相互制约。

3）资本与经济区。归根结底，水库移民经济的发展要以水库的移民群众为中心，而水库移民的生产能力也会影响水库移民经济的发展。其中，生产能力的主要构成就是资本，因此得出，资本是影响水库移民经济发展的重要内容。移民的经济区与自然资源以及移民的劳动力数量达到一定条件时，会对移民未来的经济发展造成一定的约束力，若让移民能够形成自己的经济区与资本，就会在很大程度上促进移民经济的发展，使移民的各种经济发展相互黏合，互促共进。

4）科学技术。随着新科技革命的兴起，科学技术日益显示出对当代经济发展的巨大推动作用。同样，科技进步和创新也是地方经济发展的先导。一般而言，水库移民经济区域的科学技术水平都较为低下，成为制约其发展的突出瓶颈之一。如何推动科技进步与科技创新对经济发展的先导作用，是发展水库移民经济要解决的一个重大课题。

5）组织与管理。作为水库移民经济发展要素的组织与管理，包括经济体制、经济运行机制、经济结构、企业组织、政府职能等，集中体现为对移民经济区域资源的配置能力。如前所述，在水库移民经济发展中，劳动力、资本、技术是三个最具活力的因素，而自然条件和历史基础是基础性要素，在水库移民经济系统中都不可或缺。但是，当这些要素单独存在时，是不能形成经济系统的，也是不能进行经济活动的。只有当移民经济主体，即移民、企业、政府机构等在一定的体制框架和运行机制下，对这些要素进行整合，才能产生综合影响，形成现实生产力，实现移民经济发展。

（二）水库移民经济系统外部要素

在水库项目工程进行过程中，移民安置工作一直是重点内容。在这个过程中，移民的搬迁会连带一些其他因素发生变化，水库移民经济就是其中重要的内容。从宏观角度来看，水库移民经济在整个国民经济当中扮演着重要的角色，作为其中的一个特殊系统，其拥有开放性和层次性。对于这方面的解释，可以从两方面进行阐述。一方面，水库移民经济处于国民经济当中，其不但会影响宏观的社会经济，同时也受宏观社会经济的牵制；另一方面，作为一个相对独立存在的经济系统，其与其他的经济类型自然有所不同，有分界线。虽然各个经济系统的内容不同，但其共同处于国民经济的大背景下，相互之间必然有所联系，进行系统之间的置换。由此可见，水库移民经济与其他经济系统必然有系统边界的关联。

（1）国民经济。若探究水库移民经济的本质，其与社会环境下的国民经济大背景有着极为密切的联系。若将两者进行划分，国民经济包含水库移民经济，也是整个经济体系中的宏观存在。因此，国民经济的许多内在因素都会对水库移民经济产生影响。如经济的总体发展水平、经济系统结构、整体运作等等，除此之外，国家对于宏观经济提出的相关政策，如产业政策、区域政策等等，这些内容在影响水库移民经济的同时也共同构成了水库移民经济的宏观经济环境。作为经济大背景，其不但影响着水库移民经济的诸多组成要素、构成状态，还支配着水库移民经济的运行方向。

（2）系统边界联系。水库移民经济系统作为整个国民经济的子系统，与其他经济子系统之间存在着多维的系统置换，也就是说发生着广泛的经济联系。因为不同的经济子系统之间要素禀赋的差异，必然存在经济活动方式和经济活动内容的差异，进而形成系统之间的劳动分工和商品劳务交换。即使各经济子系统之间要素禀赋差异不明显，也会存在以不同技术或不同技术水平为基础的分工，或以不同规模经济和范围经济为基础的分工，这种分工使系统之间产生密切的经济联系。

四、水库移民经济系统功能

系统论认为，系统结构决定系统功能，系统功能反作用于系统结构。水库移民经济的区域结构和产业结构相互交融，共同决定着区域经济系统功能。水库移民经济系统具有如下功能。

（一）要素整合功能

水库移民经济系统要素整合功能也就是地域空间构成要素和经济发展要素的优化配置以及两者的有机结合、协调运行。系统要素整合与"靠山吃山，靠水吃水"式的劳动力与资源的简单组合不同，它是系统功能综合的、能动的表现。系统要素在水库移民经济系统的整合下呈现内在的有机联系和有序的加速运动。就经济区域构成要素而言，在水库移民经济系统的整合下，淹没影响区和移民安置区将形成新的经济中心、经济腹地和经济网络，形成一个更为和谐的有机系统。就经济发展要素而言，在水库移民经济系统的整合下，进行符合市场经济规律的优化配置，形成地域综合体和产业链群，产生较为显著的规模经济效益和聚集效应，从而使得要素的系统总效率远胜于系统诸要素独立效率的总和。

(二) 自演化功能

协同和异化作用的对立统一，是系统演化的动力和源泉。协同作用是系统内部组织的一种力量，这种力量会协调各个要素之间的相互作用，使系统由无序到有序，由低级到高级演化，但是这种演化只能导致系统的阶段循环，基本上不会产生质的飞跃。而异化作用则是与协同作用相对的一种作用，使系统产生新的结构和功能。因此，在系统进化方面，异化作用占有更重要的地位。水库移民经济系统把要素整合为系统要素后，一方面使系统要素在协同力量的作用下，有序地配置在系统中，推动水库移民经济系统稳定协调发展；另一方面使系统可以有效吸纳新的要素，并能动地整合新吸纳的要素，使系统各要素不断繁衍、增生从而产生异化作用，推动水库移民经济突破循序发展的轨道而实现经济阶段与层次的跃迁。

(三) 布局调整功能

从特定时点上看，水库移民经济系统运动结果是各系统要素结合成特定经济结构，形成地域布局和产业布局。但系统具有动态性和目的性，在水库移民经济系统有目的地运行过程中，微观经济组织（企业、农户、居民户等）在利益最大化和效用最大化的驱动下，依据市场信号，不断调整其经济行为，努力追求最优区位以便获得最大化收益；宏观经济组织（政府机构等）一方面适应微观组织行为并与之结为地域经济共同体，另一方面也根据水库移民经济整体发展目标调控各种经济组织的经济行为；其他经济组织（如金融、保险等）则在水库移民经济中按经济目标和社会目标与之配合。这种复杂经济行为的综合必然客观地改变区域经济系统的初始经济结构，而经济结构的调整必然也伴随经济布局的调整。

(四) 环境协调功能

水库移民经济系统既面临着内部各要素有机结合使系统有效运行的问题，又面临着内外环境的协调问题。内部环境的协调在此可简单地理解为系统的整合。外部环境协调实际涵盖两个方面：一方面是移民经济系统与其他经济子系统之间的分工合作，发挥各自优势，充分展现各自的经济特色；另一方面是移民经济作为子系统与上级系统之间的统一与矛盾。水库移民经济系统通过各利益主体的信息传递和利益协调，特别是国家正确的移民政策、区域政策、产业政策的落实和区际的分工合作，形成水库移民经济协调发展的局面。

第四节 水库移民区域研究的发展

一、水库移民区的基本概念

在水利水电工程建设中，有两个概念不同的库区。一个是工程管理上说的库区，即通常所说的水库淹没区，它包括水库淹没区（即水库蓄水后形成的水面）及因蓄水淹没而引起的浸没、坍岸、滑坡等影响的地区，这部分区域在水库建成后基本上归属工程管理单位所有，由他们统一管理和开发利用；另一个是从水库移民管理角度所说的库区，它包括水库淹没区和水库周边移民安置区，把水库周边移民后靠安置所涉及的地区均归入库区。本书所说的是把第二种库区界定为水库移民区域，也有学者把它称作水库建设区，如通常我们所说的三峡库区，其实是指包括湖北省的宜昌、秭归、兴山、巴东和重庆市的巫山、巫溪、奉节、云阳、开县、万州区、忠县、丰都、涪陵等水库周边移民安置区和水库淹没区，它的总面积为54000平方千米，其中包括了三峡水库的水面面积1084平方千米。水库移民区域是因水库建设、蓄水淹没处理和移民后靠安置而产生的特定区域。

从社会经济的角度来考虑，它是局部地区因生产开发活动而形成的一个特定区域，是社会经济系统下的一个子系统；从自然的角度来考虑，它又是流域系统内的一个子系统，这个子系统的产生亦是由于水库建设而导致的。因此，水库移民区域是一个有多种特征的综合区域。之所以把移民区域从当地社会经济系统中独立出来研究，是因为：①移民范围大，对当地社会经济造成的影响大；②由于它是生产开发活动引起的社会经济重新组合，伴随移民搬迁安置往往会产生一些特殊的社会经济问题；③由于采取"前期补偿，后期扶持"的国家移民政策，移民安置区在社会经济活动中享受着本地区其他群众所没有的扶持政策，顺理成章地就把这一区域作为一个特定的区域来对待；④这个区域是生产开发活动中被动形成的，所有的移民均是非自愿的；⑤由于历史上没有解决好移民安置问题，由此造成的遗留问题及其引起的社会、经济问题，使移民安置区演变成一个较为特殊的区域，备受国内外关注。

二、水库移民区域的基本特征

水库移民区域作为生产活动形成的特殊区域，它具有以下几个方面的特征。

第一，它是地区社会经济系统下的一个子系统，这个子系统是资源被淹没损坏、社会网络和生产关系被破坏后，重新组合而成的区域性子系统。库区的社会、生产和自然资源环境在淹没后发生了较大的变化。

第二，它的范围大小是由水库建设规模来确定的，区域大小不一。区域越大，区域发展问题越复杂。

第三，众多水库移民区域的分布独立分散在全国各地，和其他社会区域不同，各个区域在地理上构不成整体。

第四，水库移民区域一般分布在山区和丘陵地区，经济比较落后，资源占有量较少，淹没后资源与人的矛盾更加突出。

第五，如果把全国水库移民区作为一个共性的大区域系统来考虑，每一个水库移民区域都有自己的独特特征。

第六，这个区域具有消亡性，随着该区域社会经济的发展以及和当地社会经济的融合，在一定时期它会逐渐消亡，融合到当地社会经济大系统中去，不再具有它原有的独特特征。

三、水库移民区域研究的发展

1986年后，中国水库移民工作进入了一个崭新的阶段，主要表现在：一是对1986年前投产的水库开展遗留问题处理；二是对1986年以后要建设的水库要求必须做出移民安置规划，而且在规划被批准后方能开工建设；三是水库移民问题引起了国内外的普遍重视，水库移民研究蓬勃发展。世界银行率先推出移民安置政策和工作指南，对世界银行贷款项目移民安置及管理提出了规定性的要求。国内成立水库移民专业委员会，致力于推进水库移民调查研究工作的发展。1991年国家颁布了《大中型水利水电工程征地和移民安置条例》，使水库移民安置走向法制化轨道，水利部和电力部相继颁布了水库工程淹没处理设计规范，从而规范了移民安置规划设计工作。

水库移民研究从单一地发表论文到系统地出版专著，使水库移民理论有了很大发展。在水库移民研究上：首先，水库移民安置规划理论日渐成熟，其代表作就是施国庆等的《水库移民规划系统理论及实践》；其次，水库移民遗留问题处理的研究成果也越来越多，如顾茂华等的《水库移民遗留问题处理》，赵世来等的《东平湖水库运用与移民开发》。水库移民实施管理的理论是借鉴世界银行项目管理经验发展起来的，主要成果就是移民的监理、监测评价等管理方法的引进，其代表作是杨建设等的《工程移民监理理论与实践》。

随着水库移民理论研究工作的深入开展，水库移民研究者不再是从一个方面或应用一个学科的理论来研究和解决移民问题，而是把水库移民作为社会经济的一个系统来研究，比较有代表性的有朱农等的《三峡工程与库区发展研究》、徐乘等的《三门峡水库移民社会经济发展战略》、余文学等的《水库移民问题的社会经济分析》等。

这些研究虽然把水库移民作为一个区域来研究，但研究的主要理论基础是社会经济理论以及系统理论，没有运用区域理论来解决库区发展中的问题，也就是说，无论这些成果从任何角度去研究移民，他们注重的仍然是移民本身，而没有重视移民区域性经济要素劳动力、自然资源、资本、技术进步和经济制度等对移民的影响，没有把移民区作为地区的子系统去研究移民对当地经济、社会的影响及如何协调发展。区域理论还没有被直接引进到水库移民研究中，用来解决水库移民社会和经济发展问题，也可以说移民区域发展研究还是一片空白。作为经济社会发展中形成的一个特殊区域，利用区域发展理论来研究解决水库移民区域的发展问题，具有重大的理论和现实意义。

四、水库移民区域研究的目的和意义

移民区域研究的目的是探讨移民区域的形成、发展和与地区大系统的融合，即通过移民区域的发展，最终使所界定的移民区域的显著性和差异性特征均在发展中消失，使移民系统不再独立于地区社会经济系统。当然，这是一种理想效果，理想效果与效果实现的可能性之间存在着矛盾，这些矛盾的具体表现就是库区移民问题。无论是水库建设时的移民安置规划，或者是后期的水库移民遗留问题处理规划，其目的均是解决移民问题，保证移民安置后或移民遗留问题处理后，移民经济和社会水平得到恢复和提高，促进移民地区经济和社会协调发展，使移民区域的特征不复存在，达到移民系统最终消亡的目的。

但现实中要达到这种理想效果没那么容易，并不是通过移民安置规划或遗留问题处理规划就能够达到，必须对移民这种经济社会活动的各种现象进行全方位研究，分析水库移民区域特征的成因和内在机制，考虑区域内各种经济要素的影

第二章　水库移民区域经济系统的建立

响,对水库移民区域提出全面切实可行的发展规划,并付诸实施,从而促进水库移民区域社会经济和当地社会经济的协调发展,最终使这一独特区域消融在当地社会经济大系统中。

本书从区域经济和社会发展的视角探索性地研究移民发展问题,其原因有以下两个:一是水库移民前后库区与当地的自然气候、自然资源和生产条件差异不大,但是库区与当地的社会经济发展会有较大差距;二是处理移民遗留问题十几年来,库区经济社会取得了很大发展,但地区间的差距始终存在,其内在因素到底是什么,这种差距能否缩小,后期移民遗留问题处理投入选择什么突破点,对上述问题的研究不但对下一步移民遗留问题处理具有重要意义,而且对该库区经济、社会的发展也具有现实意义。

第三章 水库移民经济理论溯源

水库移民是一种世界性的政治、经济和文化综合现象。由国家（政府）主导的、有组织大规模非自愿经济性移民现象，是人类移民史上最典型和最具有研究价值的现象。水库移民作为大规模非自愿经济性移民现象，以其宏大的规模和异常的复杂性引起了国内外不少理论和实践工作者的关注。本章系统介绍水库移民经济的基本理论依据、国内外水库移民经济发展的相关方针原则、政策措施和实践经验，如国外的有世界银行关于发展水库移民经济的方针原则、日本关于发展水库移民经济的政策措施、泰国关于水库移民经济的经验教训，国内关于开发性移民的方针政策和相关理论成果等。这些理论都对水库移民经济作出了很好的阐释和论述，在吸收前人研究成果的基础上，笔者提出自身的水库移民经济理论框架体系。

第一节 水库移民经济的基本理论依据

水库移民是人类社会经济发展到一定时期在土地利用问题上的特殊抉择。虽然当前对水库移民经济的科学概括与理论研究滞后于水库移民经济具体实践的发展，但是，笔者仍然希望能够从既有的社会科学的博大精深体系中努力寻找到有关水库移民经济的相关理论依据。

一、土地经济供给理论

土地是人们生存的根本依据，人们生存在土地上，也依靠土地实现温饱，满足自身的生理需求。土地资源是人类的财富,也是许多从事农业生产的人民的收入来源。在水库移民工程当中,土地资源的供给一直都是一个大难题。水库的淹没导致大量的农田和其他类型的土地资源淹没,使许多人失去了自己的重要财富和生产依据。实际上,经过漫长的经验积累和理论总结,相关专家已经提出了土地经济供给的理论。这一理论明确了土地的经济效益,对土地的作用进行了明确的功能划分和介绍。该理论将土地供给划分为自然供给以及土地经济供给两个部分。为了进一步探究该理论,下面对这两部分内容进行详细的研究和探索。自然土地供给:主要是指大自然给予人类原有的土地资源,人类可以对其加以使用。自然土地的供给没有人文和社会因素的限制,其原有的性质是不变的。为此,将自然土地供给看作是无弹性的供给。土地经济供给:意思是随着人类社会的发展,配合着自然供给的土地,土地会在原有的基础上受人类活动的影响而产生价值上的改变,应用方式发生改变的现象。影响土地经济供给的因素有很多,如自然环境下的土地供给量、自然条件的作用、土地利用的交通环境、人类开发和利用土地的方式、应用土地表现的集约度、人类社会的经济发展、人类的科技发展等等。从可观角度来看,土地的经济供给受人类活动影响很大,人类对于土地的利用方式以及运用效果会直接导致土地的经济供给发生变化。因此,土地的经济供给可以依靠人们提高土地利用的程度来达到提升,致使其本身具有一定的弹性,是一个可变的动态存在。

二、生态移民理论

(一)生态移民的内涵

生态移民是指为了保护贫困地区的生态环境,将生态环境脆弱的贫困社区的"生态超载人口"(也称为"生态难民")迁到生态人口承载能力高的农(牧)业地区或城镇郊区安置。生态移民虽然也改变迁移人口生产方式与就业形式,但在安置区移民仍然以从事农、牧、畜产品加工业为主。当然,生态移民的迁建必须以不破坏安置区的生态环境为前提条件。生态移民的对象是"生态难民",即由于社区生态环境变化导致其赖以生存的耕地或草原退化,自然灾害频繁,各种生存条件恶劣,无法在原住地正常生存而不得不迁移到其他地方生活的农牧民。同时,"生态难民"基本上是贫困者,所以也可以称他们为"生态贫民"。这种贫困者的独特性在于,他们不仅温饱问题难以解决,而且还缺乏基本的生存环境或生存条件。

（二）生态移民的运动过程

社区变迁是生态移民的特殊形态，它是由贫困社区成员的迁出而导致的社区变迁过程。从过程上看，生态移民分为两大阶段：生态移民迁出阶段和生态移民迁入阶段。无论是生态移民迁出阶段，还是生态移民迁入阶段，都存在着明显的社区变化过程。

（1）生态移民迁出阶段的社区变迁。生态移民现实的动态过程开始于生态贫困社区居民的全部或部分迁出，即针对恶劣的生存环境，通过人口迁移实现人地关系调整，试图一方面恢复、促进当地生态环境的相对均衡与良性运行，另一方面解决"生态难民"的贫困问题。

具体运作流程如下：由于人口压力过大，导致社区生态系统失衡，进而造成社区生态贫困，因此要把超过社区人口承载力的人口进行迁移，使人口与社区生态环境完全或部分的分离，生态贫困社区的生态系统得到恢复。社区分离，经过一段时间后，生态环境质量提高，生态灾害减少，未外迁社区成员的生产生活条件得到改善并最终克服生态贫困，而外迁的移民因生态条件和生产生活条件的改善得以脱贫致富。

（2）生态移民迁入阶段的社区变迁。生态移民迁入过程的社区运动过程有三种形式：第一种是"社区重组"，即同一社区移民在异地重新形成一个新的移民社区，没有其他社区居民的迁入；第二种是"社区组合"，即来自于不同社区的移民组合为一个新的移民社区；第三种是"社区嵌入"，即移民被分散安置到特定的社区中去。毫无疑问，三者的社区运行过程是明显不同的，但实质是一致的，即社区生态环境人口压力小，具有增加一定数目人口的条件，这时对社区进行基础设施建设（如修建公路、房屋等），让生态贫困地区的移民迁入，并使这些移民的生产和生活方式得到优化，收入水平得到提高，生活环境得到改善，最终克服生态贫困。

此外，生态移民过程中的社区运动，不仅涉及社区人民对生态环境的影响，也涉及新的社会关系的磨合，因此，在生态移民过程中要充分注意移民新社区的社会整合与文化整合。

三、可持续发展理论

随着时间的流逝，世界的经济文化发展越加繁荣。但是，这种繁荣发展的过程却也历经了千辛万苦，受过多重磨难才逐渐形成。1960～1980年，全世界的经济社会发展都面临着十分严峻的考验，接连遭受多种冲突，如"公害"的显现、"能源危机"等，接二连三的变故让人类开始慢慢地注意到未来的发展问题。目前的发展状况虽然良好，但是各种问题的出现也使大家逐渐意识到，真正的难题已不仅是现在的发展，更重要的是如何将这种发展状况持续下去。长久地发展让人类以公平作为社会发展的重要内容，未来的环境发展等也成为全球关注的重点。为了解决这一系列的问题，1985 年前后，可持续发展的思想开始初步确立。

1983 年 11 月联合国成立了世界环境与发展委员会。1987 年该委员会在长篇报告《我们共同的未来》中正式提出了可持续发展的模式。《我们共同的未来》的发表，表明了世界各国对可持续理论研究的不断深入。而 1992 年联合国环境与发展大会（UNCED）通过的《21 世纪议程》，更是高度凝聚了当代人对可持续发展理论认识深化的结晶。

作为实现土地资源可持续利用的具体措施和手段，水库移民经济运作的不同类型具有不同的要求和内容。为了达到理想的土地利用效果，必须遵循可持续发展的基本原理，对土地利用状况进行调整改造、综合整治，立足于人类的持续生存这个核心基础之上，坚持不破坏土地生态系统为基本前提，在土地生态环境容许限度之内进行水库移民经济运作。土地生态系统的环境容量在人类活动干扰下正不断发生变化，合理的土地利用能促进环境容量的提高；相反，不合理的土地利用会降低环境容量。通过水库移民经济运作，有利于保护和提高土地生产力，降低生产风险，使土地产出稳定，保护自然资源，防止土壤与水质退化，满足经济的繁荣和社会秩序的稳定。

四、人地关系理论

该理论认为，随着社会经济发展，人类社会对土地资源的需求不仅在数量上越来越多，而且在质量上越来越高，但土地总量是恒定的，土地资源是有限的，其自然供给能力是无弹性的。

土地资源资产的二重性决定了土地资源的供给能力受自然条件和社会经济技术条件双重制约。通过水库移民经济的具体运作，可以尝试尽量消除这两方面对不同类型土地供给能力的制约，挖掘现有土地利用潜力，提高土地利用率，以满足社会经济发展的需求，这是实现人地关系协调发展的一种现实而理性的选择。

第二节　国外水库移民经济的理论探讨

在国外，对于水库移民经济相关理论的研究主要在一些国际组织，如世界银行和亚洲开发银行，以及各个水利水电大国（同时也是产生水库移民较多的国家）展开，如日本、巴西、泰国、埃及等。本节着重介绍世界银行、日本和泰国的相关研究成果和实践经验。

一、世界银行关于发展水库移民经济的政策取向

在过去很长一段时期内，由于实践和认识的局限，人们处理非自愿移民的方式不够稳妥，往往把水库移民问题只看作是主体工程的附带，是无须优先考虑的问题。由于没有明确的目的、适宜的方法和足够的财力，传统的移民处理方式对移民、迁入地的居民和环境都造成了严重的影响。为了纠正这些问题，世界银行自1979年起就开始准备有关非自愿性移民的相关政策，并于1980年2月发表了《世界银行贷款项目中涉及的非自愿性移民社会问题》，这是世界银行最初制定的移民政策。此后，经过多次修改和补充，世界银行于2001年12月又发布了《非自愿性移民业务政策OP4.12》和《非自愿性移民世界银行程序BP4.1》两个文件，对移民安置工作的目标、过程、具体要求给予了较为详细的规定。这两个文件的出台，标志着世界银行在长期的非自愿性移民安置实践中，不断总结经验教训，把过去的基本原则和精神具体化为较成熟的、可在规定内操纵施展的程序和手段，保证了非自愿性移民协调和谐的长期进步，是其实行的前提条件。

国内外在无数次的工程中所得到的经验教训经过一次次提炼与整合之后，成为了世界银行中陈列的多部与非自愿性移民安置有联系的文字资料与知识内容，成为了造福全世界人民的宝藏。而在世界银行的这些知识与文字资料中，有一个必须要遵守的、帮助水库移民经济的协调发展原则为"坚持最小移民安置原则"。若是一定要进行人数众多的人口迁移，严谨有效的移民安置规划就要被放入章程之中，实施进度和所有预算都要科学估算，避免出现错误。移民未搬迁时的生活水平，包含其经济情况和收入资金的多少，这些是在制定移民安置规划时必须确定的内容，因为这个规划本身的目的就是为了维持移民原有的生活质量，

或者改善其生活质量,甚至帮助其脱贫致富。在制定和实施移民安置规划过程中,特别要注意以下几个方面:

(一)移民前期调查

计划移民安置时要查阅最新的移民安置规模会对移民产生什么作用的有关知识或文献,并以此作为参照物,做出具体的移民安置规划,这是世界银行专家的观点。由此看来,准备进行移民安置时,应对移民的安置规模、家庭特征等方面进行调查,争取做到用足够的财力和适当的方法科学地安置移民。世界银行指出,移民安置的前期调查包括以下几个方面:①搬迁规模;②确定被波及的所有人口的收入水平,其范围涵盖了正式行业与农业活动之外的收入,还包含了普通财产等生活来源的收入水平;③移民人口的所有或某些财产具体损失了多少;④可能被波及的公共基础设施和社会服务等;⑤可以帮助制定移民安置计划的各种机构。

(二)移民安置原则

世界银行认为,确定一些可能的移民安置区和可供选择的安置范围,对农村和城镇的移民安置来说都是关键的一步。世界银行要求对农村移民和城镇移民的安置遵循不同的安置原则。

(1)农村移民安置原则。世界银行支持用土地安置生活在农村的移民人口,但安置区的土地一定要与移民原本生活的区域持相同或更高的水平。用原有土地交换现有土地是世界银行提倡的安置方法,也就是移民搬迁后所拥有的土地与其被征用的土地持平是最低标准。农村移民可以创造很多可能性,浇灌土地、开垦荒地、改善土地质量、集约化生产、植树造林及更多途径,可以利用有限或者稀少的土地充分帮助国家重新安置农业人口。在选择安置区时,必须注意非农业收入来源(渔业、林业、季节性雇工)的现实性,以补充农业收入。

(2)城镇移民安置原则。世界银行文件要求,对于城镇移民而言,新的居民区必须提供与原居民区相当的就业机会、基础设施和社会服务。

(三)移民补偿

世界银行认为所有的非自愿移民都应得到一定的补偿,以保证以后的生活。这种补偿分为资金补偿和物质补偿。

(1)资金补偿。非自愿移民在还未搬迁到安置区时应当得到补偿他们损失的全部重置费用,并帮助其度过搬迁和搬到安置区后还未使生活步上正轨的这段时间,使其获得与以往相同或者更好的生产生活水平以及收入来源和谋生技能,注意移民的经济水平差异，适当地帮助移民中最贫困的群体，改善其生活条件。

（2）物质补偿。经验表明，对水库移民进行单纯的现金补偿一般是不够的。划拨土地、房屋、基础设施等补偿给受工程建设影响的人口，因为这些群体对工程占用的耕地或其他资源有传统的使用权利。

（四）移民社会心理

世界银行专家研究表明，大多数移民愿意随同以前的集体、邻居或家族进行群体搬迁，认为以群体方式迁移人口具有安全心理保障，有助于维持现存的群体组织形式，保留各种文化财产（庙宇、朝圣中心等），增加移民安置规划的可接受性，缓和移民造成的不良影响。因此，他们建议应尽可能地采用群体方式迁移人口。

世界银行认为，在移民安置规划和规划实施的过程中应鼓励群众参与，移民和安置区的移民在搬迁之前参加安置规划会产生极大的作用。因为非自愿移民安置的波及人口最初一定会不愿意接受移民，但是移民和安置区原有居民能够参加合作、参与及反馈意见则可以大大减少移民阻力，增强方案的可行性。他们建议，还未计划日后的移民安置时，就要让移民知道他们具体拥有了哪些权利与利益，让移民自主选择预先制定好的安置方案，并让移民从若干可以接受的方案中做出自己的选择。世界银行同时认为，建立合理的社会组织有利于进行移民安置规划和实施，最大程度上将本来就存在于移民中的各种组织激活，帮助移民快速完成与安置区居民的社会、经济、文化等各个要素的融合。以往的很多成功例子都表明，当地的社会文化组织对集体参与移民有很好的促进作用，可以完成政府组织很难完成的工作。当然，也可以设立一些制度，如开展会议，让项目组成员与当地团体坐在一起探讨移民工作，保证移民和安置区居民可以在移民安置的过程中反映自己的建议。

同时世界银行还提出，移民安置规划应设法减轻移民对安置区原有居民造成的影响，要保持移民、安置区居民和地方政府三者之间的充分协商，及时支付安置区为移民提供的土地或其他财产。如果移民想要获得更多土地、水源、林地、社会服务，或是移民在安置区拥有的各种资源比安置区原住民所拥有的这些资源要好，容易使安置区居民和移民之间产生更多摩擦。所以，安置区居民的生活条件和社会服务也应有所改善，至少不能恶化。

实践证明，在安置区向移民和原有居民两个群体提供完善的教育、供水、卫生和生产等服务，可以为他们的融合创造更好的社会氛围。

(五) 移民社会保障

移民的权益保证一直受世界相关组织的重视。移民作为经济发展中的部分推动力，做好对其权益的保证才能更好地维持社会经济的持续发展。因此，世界银行提出，对于非农民移民或是提供土地补偿不能满足农业移民需求的移民，相应的政府机关要制定适当的就业方案供移民选择。结合实际情况，从现实角度出发，为移民后期规划的内容尽量转移到现代经济的主体投资项目当中，力求带领移民群众加入新的经济活动当中，适当地安排一些课程，培养移民的相关素质，提升文化水平以及技术水平，并发起地区的工厂建设，为移民提供就业机会，保证移民的就业。同时，鼓舞公司到安置地发展，为移民提供就业机会。小型的商场、水厂和养殖场等可以给予移民相应的贷款并开发自己的产业，从而在整体上达到移民经济的稳定以及移民生活生产的基本保证。综上所述，世界银行是世界的权威机构，其综合世界的移民安置工作实践经验以及强大的研发力量，对水库移民经济理论进行了深入的研究，提出了很多有价值的理论观点和指导原则，不论对各国水库移民实践工作还是研究工作都做出了不可磨灭的贡献。

二、日本关于发展水库移民经济的探索

(一) 日本水库移民简况

第二次世界大战后，日本为恢复经济进行了大规模的基础设施建设。在水利水电工程方面，日本政府从电力资源（电源）开发、水资源开发及国土保护等观点出发，大力推进水库建设。

尤其是20世纪50年代后半期以来，政府制定了《特定多目的坝法》（1957年）、《水资源开发促进法》（1961年）等促进水库大坝建设的法律，许多大型水库和大坝在日本全国各地陆续兴建。1992年底，日本境内共建大坝约3100座，淹没了大量土地，原先土地上的大量居民迁移到新的居住点开始新的生活。

日本在水库建设过程中，一般采取就地后靠的方针。然而由于后靠区的生活条件较之先前的条件要差很多，使得大批库区居民失去了赖以生存的基础，引起了他们的强烈不满。因此在进行损失补偿的交涉中，建设者与当地居民对补偿条件往往很难达成一致。在日本兴建一座水库，补偿问题从开始协商到基本解决直至正式开始施工，往往要花费几年乃至几十年的时间，这种现象在其他多数国家中较为少见。如日本建设省修建的坝高为96.5米的濑石川夯重力坝，尽管淹没

人口为 700 人左右，且补偿交涉进展较为顺利，但还是用了约 7 年的时间。而日本的另一座 110 米的长岛夯重力坝，淹没人口仅有 39 户，但从补偿交涉开始的 1970 年到 1983 年共 13 年的时间里，只与其中的 32 户签订了补偿合同。这些案例足以说明日本水库移民工作的艰巨性。

日本的移民补偿交涉之所以难有成效，主要有以下三个方面的原因。

（1）蓄水体积过大，淹没了大范围的居民土地、房屋等基础设施，使居民丧失了赖以生存的空间，导致被波及的居民在心理与物质条件上都难以接受，对移民工作产生抗拒。

（2）坝址选择征用的区域基本是没有多少耕地面积的、居住在山区的农村，当地居民很难获得代替耕地，也没有重新上岗的机会，使得他们无法想象自己将会面对怎样的未来。

（3）大坝建设会帮助下游地区进行防洪和水利，但是与之相反的是，库区居民却没有了赖以生存的经济来源，没有生活保障，他们无法接受这种落差，所以抵触修建大坝的行为。近些年来更是如此，日本国内社会经济形势与以往十分不同，可以修建堤坝的地址越来越少，无法满足库区居民应有的淹没补偿，使日本越来越难以修建大坝。

（二）日本发展水库移民经济的经验

所有的水库移民相关政策都不是凭空想象的，也不可能单单依照着理论依据推理出相关的内容。结论和政策离不开实践经验的总结，日本如今能够拥有完整的水库移民理论，与其 50 多年来的经验和总结有直接的关系。下面就是日本在相关内容上的结论：

（1）补偿移民个人的理论。日本的水库移民专家提出建议，应对个人的水库移民进行征用土地等补偿和一般损失的补偿，划分出清晰的补偿界限。

（2）公共补偿的理论。水利水电工程的修建总是要占用大片居民拥有的土地，所以《兴办公共事业的公共补偿标准纲要》就做出了这样的要求：补偿兴办事业地区内的必须废止或停歇的公共设施的功能，其费用由兴办公共事业者一起承担，帮助移民开始更好的生活。

（3）移民的后期扶持措施。扶持移民进入安置区后的生活，使其走上脱贫致富之路。

第三章　水库移民经济理论溯源

第三节　水库移民经济的理论发展

纵观我国在水利水电工程上的发展历史，其取得的成绩是值得每个人所骄傲的。虽然我国现在的相关工程已经达到了辉煌的成就，但实际上，从最初开始建设到发展再到拥有如今的成果，在该事业上我国可谓是经历了许多的风霜雨雪。其中水库的建设更是我国整个水利工程项目中的重点内容，其中的水库移民问题也是整个工程中的重点和难点。从 1950 年开始，我国就已经提出了与水库移民有关的移民经济理论。在随后的岁月中，我国处于艰难的发展时期，受诸多当时事件的影响，一直到 1985 年，我国的移民经济还是基本保持在"补偿性移民"的老旧理论思想上。随着社会的发展，我国多处水库项目的修建，为我们留下了宝贵的经验和惨痛的教训。集合从前的经验教训，更好地完成相关内容的建设，自 1985 年以后，我国开启了新的移民工作探索之路。此后不久，我国就提出了新的移民方针——"开发性移民"。这一方针提出后，经过了多重的现实认证和实践，最后在真正运用到工程当中后，取得了优秀的成果。许多的专家如施国庆、曾明德等都为此做出了巨大的贡献，其成果也在该领域获得了重视与称赞，这是近年来我国生态移民理论展现强大生命力最有效的见证。在此期间，我国的水库移民工作在实践经验以及研究成果上的成就也极为显著，为未来移民经济话题的产生奠定了扎实的基础。

一、有关移民经济理论的探索

许多专家学者为了探究水库移民后产生的问题，对历年来我国进行的一些相关工程进行了一系列的研究和探索。其中，最具有代表性的就是曾明德、戚攻，他们认为，移民在经过国家主导或组织的非自愿经济性移民过程中，移民所表现的动态和行为方式可以总称为"移民经济"，这是存在于人类社会中的一种特殊的社会经济类型，并从多个方面对该内容进行了研究和探索。

（1）水库移民涉及的问题众多。以宏观经济学的角度对该内容进行研究，会发现水库的移民经济包含的内容众多，其对我国整体的相关经济发展、国家产业布局等多方面都会产生不小的影响。除此之外，移民安置模式与安置途径选择、移民补偿标准、移民投资规模与投资方式、移民资金管理、移民后期扶持政策、移民可持续发展等因素与国家稳定和社会发展之间的关系等也是探究的重要内容。

（2）若以可持续发展这方面内容为主，就能发现探索水库移民经济能从可持续发展与移民经济模式两方面入手，调节整合可持续发展水库移民经济与移民地区区域各产业所占比重，如何联系起可持续发展与制定开发移民人力资源的规定、移民安置区域的基础设施建设、限制移民人口增长、移民社区和谐，保证可持续发展与移民经济开发有法可依等。

二、我国关于开发性移民的方针政策

（一）开发性移民的提出

水利水电工程随着我国的迅速发展也在不断的建设中，其中水库建设涉及的内容多，移民工作更是水库建设的重中之重。多年来，我国在水库建设上已经取得了一定的成绩。除了辉煌的业绩外，我们更多收获到的是在建设过程中解决相关问题的经验。为了更好地完成水库建设中的移民工作，相关工作者结合我国水库移民工作多年积累的经验，在1984年研究并提出了关于水库移民的"开发性移民"方针。方针的主要内容如下：最大程度上开发已有的可利用资源、努力发展经济，将移民的安置工作放在重要的位置上。随后，要将库区中的可利用资源最大程度开发出来，利用移民资金按照事先制定的计划让移民实现生产生活，保证经济水平。同时，要将库区的建设问题也提上日程，在新的安置地为移民打造新的家园。

以竞技发展为根本，最大程度上开发移民的经济发展，妥善处理，实现移民经济的良好循环，让移民以最快的速度恢复到曾经的生活水平，保证移民可以在新的安置地幸福生活。那么，"开发性移民"的方针究竟以何种角度的思考被开发出来呢？实际上，移民在搬迁过程中面临的问题有很多，为了减缓移民的压力，保证移民原有的生活水平，相关的单位甚至政府都会给予一定的补助，但这种帮助从实质上根本无法实现移民在未来长久的生活发展。因此，辅助移民的中心应从补助资金转移到补助生产上，但同时，补助资金也是不能缺少的辅助内容。移民的生产得到了保证，那么移民的地位就从被动补助提升到了自动发展上，这对移民未来的生活状态，移民社会的经济发展有一定的保障，实现了移民的长治久安。

"开发性移民"方针是我国在水库修建的移民工作中的重要转折,也使我国的移民经济得到进一步完善。该方针提出后,国家很快地将其运用在大型水库的移民中进行试点工作。这时恰逢三峡大坝的修建,"开发性移民"方针就放在了百万移民大军的部分移民身上,并取得不错的成果。本书认为,"开发性移民"政策的提出,总结了我国多年来水库移民的经验,为我国近些年来的移民工作做出了卓越的贡献。该项政策的运用,为相关工作点明正确道路,是我国水库移民研究上一次质的飞跃。

(二) 开发性移民的原则

"开发性移民"方针作为我国水库移民政策中的重点内容,其本身拥有诸多内容。为让读者更加清晰地了解"开发性移民"的内容,本书将其拥有的性质进行了列举,下面就是相关的几项原则。

(1) 为保证移民在搬迁过后依旧保持原有的生产生活水平,"开发性移民"中最重要的一点就是恢复原则。方针中明确指出,开发性移民的基本条件就是补偿,补偿也是移民未来生活的重要保证,运用淹没补偿投入资金辅助移民生活生产和水库的建设是十分重要的。对于移民的补偿标准,其也有相关确切的要求。对于移民的补偿和辅助,要给予与其之前的生产和生活水平相同的要求,不允许运用淹没财产的损失作为辅助补偿移民的标准。

(2) 移民虽然可以得到补偿,但来到新环境以后,其原本的生产途径及原有的生活方式都会发生极大的变化。因此,对移民的辅助不能仅仅局限在资金的补偿上,更应该帮助移民寻找新的生产方式,这也就是开发性移民的原则之一——发展原则。我国力求移民未来生活可达到原有水平,恢复为移民好年景时的年收入,甚至还要将其水平提到更高的层次。这种目标的达成并不容易,发展和补偿相互结合才是最好的移民安置方式,并且为社会的可持续发展、未来社会经济的稳定打好基础。

(3) 所有的移民项目,无论规模大小,都应该在实行之前制定好系统的计划,并在实施移民过程中依计划实施。这种提前的系统规划体现的就是"开发性移民"方针的系统性原则。在制定系统的计划时,需要考虑诸多方面的因素,其中最为重要的就是移民的安置和补偿辅助发展,其内容的规划要切实可行,兼顾大局。除此之外,这一方面的内容设定也要与库区的建设紧密相连,同时也要将改善环境放在重要的位置上。综合诸多因素后,最后的重点依旧要在移民后期的安置工作中,立志将移民的生活恢复到原有水平,保证移民的发展和生产生活,使社会存在的诸多因素共同协调发展。

（4）移民活动关乎千万家庭未来的生活，因此，在搬迁过程中，所有的移民有权利参与财产计算、损失补偿。除此之外，已有的资源分配问题要求征求移民的同意，移民也有权利对相关的工作内容提出意见和建议，参与到整个移民工作当中，这体现的就是"开发性移民"方针的参与原则。在这个过程中，所有的参与者都有自己的意见发表权利，并且其权利受国家及法律的保护。若个人的利益和权益遭到侵犯，受害人有权利拿起法律武器维护自己的合法权益。大众的参与不但可以使相关的移民工作更顺利地开展，而且也是移民维护自身权利的重要手段。

（三）开发性移民的特点

（1）整合性。水库淹没之后，水库移民被迫离开生存的土地，来到移民区后又会或多或少地改变移民区本来的社会经济体系。这种移民方式说明了移民重新建设居住地的过程就是在新的社区结构和社会网络中重新整合资源的过程，移民会在这个过程中重建经济系统与结构。

（2）开发性。移民安置应当从开发性移民出发。开发是开发性移民的重点，适当地利用人力、物力与财力，科学开发库区资源，将拥有的资源变作经济，加快当地经济发展。这种移民方式比以往简单的安置补偿方式更具优势，可以有效地利用库区资源；将移民经费科学配置，投资收益更加明显；减少移民区的混乱，安抚民心，让移民可以很快恢复生活。

（3）可持续性。开发与创业在"开发性移民"方针中显得极为重要，不但要将移民安置好，还要将库区建设完善，为库区谋发展，保护、完善生态环境，保证库区的各方面资源都能保持可持续协调发展。从中可以看出，开发性移民一定要使库区的经济社会能始终保持可持续发展。

（4）机遇性。水库淹没破坏了从前移民区域的经济社会系统，但它带来的不仅仅是破坏，还有恢复和重建机会。开发性移民根据移民经济社会系统的恢复、重建与发展进行，并于这个过程中总结前人经验、吸取教训，什么样的地区就用什么样的方法处理，遵循社会经济发展方向的准则，帮助水库移民经济系统建立较高的水平。所以，水库建设给移民许多机遇，包含开发资源、发展经济、建设库区，帮助移民在库区拥有更好的生活。

（四）"开发性移民"方针为移民经济理论的研究指明了方向

这种"开发性移民"方针比较有效，让我国水利工程建设得以顺利进行。

长久丰富的经验让我们明白，工程建设不是建设水利工程时最让人困扰的阻碍，搬迁、安置库区移民才是真正的难题。但移民迁建、安置中补偿经费不是问题，如何让移民顺利迁移、有地方可住、生活富裕才是大问题。而这种移民方针的出现，就很好地解决了上述问题，它兼顾移民迁建、工程建设、库区经济结构调整与经济发展和社会进步这几方面，制定长远计划，共同构建发展，将开发与发展这两点视作重点，使移民愿意搬离原居住地，更为主动，不再一味地遵从政府安排。而且它也可以帮助移民摆脱贫困状态，走上致富道路。若从该方针的形式上看，则通过移民的迁建与安置，充分发掘资源、技术、人才等，让经济得以全面发展，将各种资源的效益发挥到最大化，帮助移民尽快富裕起来。再观其根本属性，也就是资源高效利用，经济、社会、生态效益最大化，完善资源配置、科学改变产业结构、提高生产力水平，帮助移民获得更好的生产生活条件。所以，移民工作与水库移民的安置发展两者都很好地体现了水库移民中含有的经济活动与形态的根本属性，"开发性移民"方针也正是从这一点出发，为水库移民经济理论的深入探讨提供了科学的依据。

第四节　水库移民经济理论体系探析

一、国内外水库移民经济理论述评

（一）国外水库移民经济理论述评

对水库移民经济的研究在国外可以被分作两个阶段。1980年以前，水库民经济论与水库移民安置一样，以简单的补偿和救济政策为主，各国的移民安置是以各个国家自身制定的移民政策为准则，这种政策以政府为主导救济移民，并没有帮助移民自食其力的意识。世界的所有国家，以发展中国家最为典型，在水库移民法律和移民安置上都不完善，也很少有人关注移民经济研究，实际上并没有获得多少研究成果。

从1980年开始，世界银行最先在世行资助项目中制定了处理非自愿移民的政策，开发性移民策略正式进入各国视野，只为让移民有自己重建生产体系的意识。各国政府得知这一政策后，慢慢按照世界银行的政策，针对移民安置进行开发性移民，使得各国对移民经济的研究有了根本上的发现。1980年以后，世界银行主要在其所资助的工程移民项目中，认为移民人数不应过多，将社会学研究成果充分运用到移民安置中，合理计划移民安置和库区社会发展。世界银行认为，移民和安置区生活质量是否能一直维持正常高度或许更好地体现出了移民是否成功。

仔细研究世界银行和国外深入探索水库移民经济得出的理论，不难发现有以下数方面的内容共同组成了其研究成果。

（1）注重移民安置前期调查。在开展移民行动时，会出现总是变更工程设计和施工方案、移民安置工作实施与实地调查时间不能协调好、人口自然增长或机械增长过快等因素，使得预想中的移民规模和现实中的相去甚远。因为对移民人口规模不能估算出合理的数据，也不清楚移民的经济究竟处于什么水平，从而很难安排好移民安置工作。所以，世界银行和一些国家通常都会做好前期的调查工作再计划移民安置，这其中最重视调查移民的规模和经济状况，以调动合理的资源，做好万全准备进行移民安置。

（2）最小移民原则。世界银行一直侧重于将移民数量限制在最小的规模内，它采用了很多手段来奉行这一项原则，如经常采纳专家意见、工程设计方案和业主单位与设计单位一起完善、保持原有工程贷款等，效果立竿见影。因此产生了很多例子：世界银行帮助印度尼西亚修改萨古林大坝工程方案，坝的高度减少了5米，使得移民规模减少了近一半，由原先的90000人变动至55000人；世界银行在泰国不但改变了帕克姆恩大坝的建造地址，也修改了坝高设计，原先需要移民20000人，变动之后只需要移民5000人；在厄瓜多尔，改进防洪工程的水道，完全不用移民；世界银行还促成巴基斯坦的一项世界上最大的下水道工程中的部分工程设计的改变，到最后仅需要进行5000人的移民工作，一开始的工程设计的移民人数比改进过的工程移民人数多了一倍。这些事实证明，将移民数量控制到最小可以减少各种资源的浪费，更加合理。

（3）移民安置资金的保障性。没有足够的移民安置资金，不但不能维持或提高移民原有的生产生活质量，还会耽误工期，浪费更多资源。所以，国外的大部分国家会做很多的工作筹备移民安置资金，第一，先考察最终会有多少人被波及到，让实际使用的资源与计划中的资源相匹配；第二，要有合理的安置资金预算，预算中要包含安置移民时比较关键的开支项目；第三，保持严谨的态度来考察分析在工程设计和移民预算中的有关补偿标准。

第三章 水库移民经济理论溯源

（4）移民安置区域选择的科学性。部分国家会在反复考察、探求、推敲安置区的环境容量和安置方式是否值得开展后再选择合适的移民安置区域，以期杜绝因缺乏足够的资源，无法保证基本的生产生活水平而出现设计的安置规划与方式搁置或是后续麻烦不断的这些现象。

（5）确保移民安置后的生活水平不降低。世界银行与很多国家对移民进行安置后，强调移民后期扶持工作，极为关注与之有关的"软"项目，包含就业指导、教育培训等，不能降低移民在安置后的生活质量，力求后期可以提高其生活质量。

（二）国内水库移民经济理论述评

（1）我国水库移民经济研究历程。我国的水库移民研究可大概划分为三个阶段：①1950年到1960年前后，国内对于政治的关注度一直居高不下，并处于大生产、大建设的热潮中，国家只是用现金补偿移民；②1965年后的"移民工程"阶段，不再采取简单的补偿性移民，认为移民和项目工程一样重要，叫作"移民工程"；③1985年以后开展的"开发性移民"时期。开发性移民帮助资源发掘、环境维护、完善产业与社会结构，与移民工程差别最大之处为它更看重移民的日后发展，而不是简单地将移民迁移到安置区，给其一个维持生活的岗位。

（2）我国水库移民经济研究理论成果。在最近的20年里，我国关于水库移民的理论与研究上有了更多的突破，主要有以下几点表现：

1）制定和完善了一系列移民法规和技术规范。原水利电力部在1985年发布了以《水利水电工程水库淹没处理设计规范》等文件为主的政策法规。然后，国务院以十数年间详细探索并征集到的各种意见为前提，1991年2月推行了《大中型水利水电工程建设征地补偿和移民安置条例》。以上所说的这些政策法规都是支撑水库移民工作成功完成的基础。

2）提出"开发性移民"方针与政策。我国刚刚步入1980年时，以"开发性移民"方针为方向，主旨为促进库区经济发展，帮助移民生活富足，利用库区存在优势的自然、社会和移民人力资源，调节整合库区的经济结构，在安置移民的同时完成经济开发，繁荣库区社会经济，帮助库区经济、社会、人口、环境等各方面和谐发展。我国在同时期针对移民还有很多开发性方针，譬如移民在库区的后期扶持政策与各种对移民有优惠的措施，帮助移民快速发展库区经济。

3）编制科学的移民安置规划。有理论表明，任何单位想要建造水利工程，都必须先通知地方人民政府，一同了解了当地的自然、经济、社会环境之后，妥善管理经济,严谨地、有条不紊地安置好移民。整个过程中的侧重点为以下几个方面:考察社会经济情况、确定合理的安置区、了解安置区环境承受力与所能容纳的人口数量、做好库区的防护措施、对日后的生产发展与居民区基础设施建设做长久的计划、在项目计划书中做出投资资金使用说明和分年投资计划、明确移民具体生产生活质量、实时跟进移民安置的进程、严格选拔方案等。

4)做出水库淹没实物数据调查详细的解释和补充。我国会对人口、房屋、土地、专项设施等数据进行统计,确定水库淹没实物数据,设计完善多方面的调查细则,避免后期工程无法顺利完成。

5)提出移民经济开发的理念。我国充分探索、分析了移民安置区的经济开发中会遇到的难点与挫折,先将资源的开发战略普及到大部分的地区,充分考虑当地资源的情况,什么土地做什么事,主要发掘以土地资源为基础的农、林、牧、渔业等,再发展工业、副业、建筑业、商业。

（三）国内外水库移民研究中存在的问题

国内外近些年来积极探索水库移民,逐渐丰富了水库移民经济理论的内容。在探索水库移民的时候会存在一些问题,有以下几点:

（1）在安置移民时重工程、轻移民。主要围绕工程实施移民,对移民安置人数和移民安置过程没有付出过多心力,不得不将补偿标准降低,来保证在工程上没有过多花费,让部分库区和移民无力发展经济。

（2）在计划移民安置时,没有严谨地考虑过移民环境容量,只打着就近或后靠安置的旗号,致使库区或安置区人口过多,超过环境承载量,人多地少,部分移民安置区因为这种情况一直处于经济落后状态,移民无法走上致富之路。

（3）在实施措施上重搬迁、轻安置。移民工作通常只注重将土地征集并进行一定的资金补偿,并没有鼓励移民建立新的生产生活体系,后续扶持政策跟不上,移民安置区基础设施差、没有教育培训、难就业。补偿也只关注淹没补偿,而不开发库区资源,授人以鱼而不授人以渔。无法保证在安置移民的同时,促进库区、安置区的社会经济良好发展,共同繁荣。

（4）在移民安置方式上,过于注重第二、第三产业的建设与完善,忽略了大农业的作用。搬迁移民时,不注重移民和原住民是否能适应随着移民带来的社会文化结构及生活习惯差异。

（5）在移民政策机制上,并没有具体探讨关于怎样帮助移民发展生产生活方式,怎样颁发移民补助等方面,科学、合理、可执行的法规政策同样没有出现。没有管控移民的安置过程，不存在严谨的测评，无论是法律还是政策都无法保障移民的利益。没有完善的移民机构与管理体制，移民资金没有被正确使用，移民工作效率大大降低，状况百出。

（6）在投资体制方面，无法将工程投资和移民投资体制归为一致。因为我国的市场是社会主义市场，相应地运行社会主义市场经济体制，这种市场规则决定了水利水电的工程投资，业主希望可以将自己的利益最大化。一般是政府对移民进行投资，目前施行的补偿政策主要是针对移民搬迁损失开展的，赔偿标准达不到市场价格。通常来说，补偿补助的标准没有按市场价格折算的赔偿实惠，使得移民工作很难顺利完成。

（7）在后期扶持政策方面，还不完善。在工程的建造上，若是后来各种资源的预算价格没有明确，出现纰漏，后期扶持不到位，会对移民带来不好的影响。移民在建设工程的前期搬迁时，政府没有与之相匹配的扶植手段，使他们浪费了最合时宜的生产生活扶持阶段。工程通常会有很长的一个时间段，只有在工程投产后才会开始实行扶持政策，使得库区的先期搬迁移民没有得到工程结束投产、政府开展后期扶持政策这段时间的生产生活扶持，但是这段时间有利于移民重建生产生活方式，这就是后期扶持政策不完善的原因。

二、水库移民经济理论体系的构建

水库移民非个体行为，是综合了国家（政府）引领与开展的、范围广阔的非自愿经济性移民现象、行为方式及其动态过程的整体称呼，本书在大体上将其划定为"移民经济"，一种有关经济的活动，将其视为有别于其他方面的经济现象、类型和运转机制，并对其进行深入探索，然后构建出风格鲜明的移民经济学理论框架。书中探讨了各方面的内容，解读了水库移民经济所含内容之后，又阐述了水库移民经济系统的方方面面，从而引出水库移民经济到底与中国工业化和城市化进程之间存在什么关联，国内的经济和社会该怎样才能共同进步；又探讨了国家整体或区域的生产配置的改变与产业结构的转化，自然和人力资源的开发与配置，区域经济结构与经济利益关系等数者之间怎样才能存在紧密地联系。所以，探索水库移民经济的内容一定会思考移民安置方式怎样安排才会合理，国家生产配置和农业、工业和服务业在国内经济结构中所占比重的改善、改变国民经济的组成和构造趋向及方式，列举了人口、环境、资源的其中关联并将其重组等。

水库移民库区区域经济发展研究

(一) 基本理论部分

基本理论部分主要从水库移民经济的区域抉择理论、产业重构理论、投融资创新理论、人力资源开发理论和非经济因素分析五个方面来构建水库移民经济的基本理论体系，并针对不同的理论内容做出了划分和阐述，为研究水库移民经济的可持续发展提供基础性的理论，架构如下：

(1) 水库移民安置区域抉择理论。水库移民经济的"区域抉择理论"包括三个方面内容。

1) 水库移民安置区域抉择的基本原则及其科学发展方向。书中认为，移民安置必须要确保移民的利益不受侵害，不能破坏安置区的生态环境，并维系移民的社会适应性。

2) 水库移民安置区域抉择依据——环境容量分析。该理论应先探索其由来——适度人口理论，这个理论支撑着在提倡可持续发展大背景下的移民环境容量模型的构建，并有水库移民环境容量的很多分析原则，包括系统原则、资源持续利用与生产持续发展原则、宏观定性分析与微观定量分析相结合原则、动态分析与土地容量分析等原则，由此衍生出两种最普遍的测算移民环境容量方法，也就是按人均耕地量和人均占有粮食量计算的环境容量分析方法，构建了符合可持续发展大趋势的移民环境容量模型，以便更好地实行水库移民。

3) 水库移民安置区域抉择方法。本书围绕三种相对可行的选择水库移民安置区域的方法讲述，它们分别是方案比较法、头脑风暴法和模糊聚类分析法。

(2) 水库移民经济产业重构理论。水库移民经济的"产业重构理论"先从产业、空间、产业空间的结构理论展开，将产业布局理论详细地全方面介绍；再对区域三次产业、农轻重产业、农业产业、工业四种产业结构进行研究，明确水库移民经济产业分布情况，及目前水库移民经济产业布局中含有的各种问题，例如，三次产业结构失衡，没有强烈的产业关联，主导产业选择不合理，辅助产业、基础设施配套功能差，产业空间结构布局不合理，无法统一产业结构和空间结构等；水库移民经济产业结构的配置是重中之重，现代农业占最高比例，绿色工业的发展控制在合适的范围内，第三产业也应当快速发展，为移民创设一个基础设施完善的新型社区等方式来安置移民；水库移民安置模式不再是单一的某种模式，如最开始的大农业模式到小城镇模式，再到成建制外迁模式变作混合型模式，展现了产业结构的历史变迁，并从传统农业向现代农业转变，不再走传统的工业化模式，将传统服务业进行转化与完善、将现代服务业视为重点进行发展等方面探讨各个库区产业结构的转化方向；研究完善产业结构的手段，也就是规划使用市场机制效能和移民管理机构；从选择合适的水库移民发展经济地区、造就经济核心区域、设立经济网络等各个角度研究讨论了应当部署怎样的水库移民经济空间结构；并提出必须利用科学的产业政策、加强产业集聚、帮助区域合作交流等手段，加快产业与空间结构的共同完善，促进当地经济发展。

（3）水库移民人力资源开发理论。第一，该理论必须先意识到人力资源开发是十分重要的，聚焦于阐述人力资源开发的重要途径，其中有培训、教育、卫生保健投资、人力资源流动等；第二，移民人口构成和移民劳动力素质状况是帮助得出水库移民人力资源现状的重要途径，要明确当前发掘水库移民人力资源在移民规划中更注重实物经济补偿，基本不发掘和培养移民人力资源，没有过多花费去培养移民，没有衔接移民人力资源的发掘和上岗，移民人力资源的开发过于贫瘠，无法一直维持培训工作等问题；第三，发掘水库移民人力资源时必须以人为本、征得移民同意，保证移民自愿，维持经济性，最终走上市场化道路等，同时要言明从以下几个角度发掘移民人力资源。

1）尊重移民意愿，培训项目的人选必须符合项目要求，移民的教育和训练力度必须加大，实用技术的培养与训练是最为重要的，将农业的新型观念和技术普及并实际应用起来。

2）创造并完善移民人力资源开发管理机构，统一筹划移民人力资源的发掘工作，创设效果明显的测评和激励机制，将移民人力资源的效用发挥到最大化。

3）不再让移民保留资源补助从天而降或伸手要补助的意识，用多种多样的方法帮助移民积极开发自身潜力，不能忽视"干中学"的开发方式对水库移民人力资源发掘有哪些化学反应。

4）要广拓移民人力资源开发投入的资金来源，从社会各界，中央和地方政府、水库业主以及国外贷款投资等各个渠道获取移民人力资源的开发资金，重视移民人力资源开发资金管理的专项特性，资金管理应用全程公开透明化，移民也应该参与到资金的使用过程中，使移民充当监督检查的角色，使资金用到正确的地方上。

（4）水库移民区域的非经济因素分析。经济因素不能完全决定水库移民经济的前进方向，还会包含政治、社会、心理、经济文化等多方面因素共同组成的一个整体。所以，必须保证水库移民经济工作的完成，经济、技术、文化和社会组织多方面发展进步。以下内容就是对水库移民经济密切相关的非经济因素的分析，为水库移民经济的健康发展找到更多的理论基础，帮助水库移民经济更好发展。

1）社会因素。社会学方面表明，在水库移民中政府与移民互动频繁，原有社区分崩离析，创建新的社区，在这个转化过程中，利益冲突和文化不同必然出现，各种矛盾不断，所以要将水库移民融合成一个整体，较为普遍的策略有政策性、制度性、管理性以及教育性的各种社会因素整合。

2）文化因素。水库移民文化不但稳定还有变异的可能、兼具保守与开放两个特点，移民特征十分突出。移民本身文化和安置区的文化总会存在部分不同，两者难免会产生一些矛盾。所以，水库移民文化是需要一些手段进行融合的。又因为移民经历了搬迁之后其文化较为弱势，所以，文化多样性的保护要采取各种方法与渠道。

3）心理因素。总会有许多内外因素和条件限制水库移民工作的进程，心理因素就是其中之一，移民自身情绪、心理状态构成社会心理条件。移民在整个过程之中无可避免地会产生不情愿的情绪和消极被动的心理状态，在此期间类似于依赖、怀旧、抗拒、矛盾和攀比等复杂的心理状态。对于这些负面的心理状态不能怀有主观意识去处理，要考虑现有移民工作方法有什么缺陷，逐步改进。社会文化生活安置同样不可忽视，鼓励移民多多参与，后期扶持工作不可遗漏，以宣传教育改造移民思想文化等。

4）环境因素。水库建设与移民经济有可能会破坏库区环境，环境遭到破坏之后对移民经济的发展会有不好的影响，所以，不能忽视对水库移民的环境保护，要为移民经济环境保护立下相关政策法规，不能忽视剖析环境容量分析，建立并实施水库移民经济的环境保护规划，全面促进库区生态型移民经济，创设完善水库移民经济环境保护机制，把人口规模限制在可控范围之内，加强环境教育。

放眼世界，可持续发展话题已经成为国际上探讨的主流话题，也是我国发展的中心思想之一。就水库水利工程建设而言，可持续发展的理论依旧受用，其针对的内容除工程建设外，更多的是指代水库移民经济的发展。为了让读者详细了解可持续发展的定义，本书就构建水库移民经济的"可持续发展理论"在下文中进行相关阐述。

可持续发展涵盖内容众多，包含范围广泛，在探索水库移民经济可持续发展的问题上，需要从一般可持续发展理论着手。结合水库移民的实际情况，对可持续发展的核心内容进行探索，首先必须保证整个安置区域的生态环境稳定，对产业结构进行适当的调整、对移民安置的区域进行有序的规划，将针对人力资本的投资问题提上日程，最大程度上开发安置地总体的人力资源。随着时代的发展以及人们对生活水平不断提升的要求，对非自愿性移民群众的搬迁保证制度要实现实时创新，利用移民安置项目工程的相应计划，实现移民群众与原有居民文化等方面的交融。为保证移民地区社会经济稳定发展需要设立相应的监管机制，让移民从被动移民状态，转化到因生产发展等利益需求在法律保证下进行的主动移民状态等，多种方面开展相应的可持续发展模式的正确选择。移民社会经济的可持续发展以移民经济为主体，因此，可持续发展的实施应该依照市场需求作为最基本的导向，对安置区的农业结构进行适当的、合理的调整，对该地区的矿产能源等可开发能源进行合理的开发，为促进该地社会发展积极地倡导加工工业的发展，最大程度上利用该地区的环境资源，将第三产业——旅游业作为社会产业发展的重要内容，重视培养环保相关产业的发展等，多方面对移民经济的可持续发展进行产业方面的合理调整。从人才运用的角度看，应该将开发人力资源作为优先发展的战略内容，智力投资机制的设立要求以多元化为重建的核心，对于库区的文化教育方面也要抓紧落实，从控制内涵、控制人口等多个方面对移民的人力资源开发进行可持续发展的战略部署。依照农村乡镇的建设，大力发展和建设矿产企业，着重从建设相关的专业设施等多个方面，落实安置区基础建设的可持续发展政策。通过对相关法律文献的制定和完善，促使工程投资和移民投资建设一致发展，对后期的移民扶持相关制度进行合理的更改和完善。同时，也进一步保证了国家对移民安置区提倡的"边移边扶"政策，完善法律制度和扶持制度，配合国际的合作，在可持续发展的基本条件下将移民经济的开发导向法制化，使移民的经济发展得到法律的基本保证。

（二）实证研究部分

可持续发展的理论提出后，为了进一步确认该理论在实际过程中的作用，我国将其运用在了一些大型的水利水电工程项目之中，通过试点的方式进行实践探索。该研究的实践目标是我国水利水电大省——四川省的水库移民。首先，想要清楚地探究四川地区水利水电工程项目的进行，就需要了解其本身的水资源基本情况、开发储蓄分布以及地质地势情况等等。其次，笔者从多目标综合评价原则、系统性评价原则、定性分析与定量分析相结合原则及整体与局部、长期与短期分析相结合原则四个方面共同构建水库移民经济可持续发展的评价原则，并从经济发展水平、社会发展水平、环境状况和管理状况四个方面构建水库移民经济可持续发展的评价指标体系，然后根据这些评估指标体系分析水库移民经济可持续发展所存在的各种问题。最后，从完善水库移民经济发展的政策法规，推进移民经济发展的市场化进程，大力发展民营经济，建立健全发展水库移民经济管理机构，进行移民经济制度创新，深化投融资体制改革，多渠道筹措发展移民经济资金，借助城市化与工业化进程来推动移民经济发展，充分发挥先进科学技术、管理技术在移民经济中的作用，加强移民人力资源开发与培训以及加快库区剩余劳动力的转移等方面为水库移民经济的可持续发展提供对策和建议。

第四章　水库移民经济发展规划

总结多年来水库建设与开发的经验，提出了具有中国特色的"开发性移民"方针，这是我国政府结合本国实际情况的一种创造。"开发性移民"方针的提出具有强烈的时代性和针对性，不仅是一种发展理念、发展战略和发展模式，还是一种崭新的经济哲学，是我国社会政治、经济形势发展和变化的产物。它有助于移民群体规避收入风险，减少贫困，尽快恢复到搬迁前的收入水平，实现区域社会长治久安。

第一节　开发性移民

一、开发性移民的概念

开发性移民是相对于以往的补偿性移民开展的。其主要的内容如下：国家依据相应的法律法规规定，对移民实施公平的补偿，并对其在安置区进行适当扶持的前提下，以经济、法律等方式进行经济结构调整，既要为移民群体创造基本生产生活条件，解放和发展生产力，又要保护好生态环境、合理开发资源，使移民搬得出、稳得住、能发展，从而实现移民社会经济可持续发展的目标。实际上，就可持续发展而言，可以从两个方面进行探究，一方面是其中包含的持续性，另一方面指的是发展。两者之中存在着极为重要的关系，发展是实现持续性的前提，若没有一定的发展状态，那么再多可持续性就会成为空谈；但若没有可持续性作为辅助，发展也会被抑制，甚至消失。对于社会经济发展来说，其长期的发展策略就是可持续发展。当然，其中的含义不仅限于经济领域，可持续发展除经济可持续发展外，还包括自然资源和生态环境、社会可持续发展的内容。这三种可持续发展之间也有着一定的关联。自然环境和资源的可持续发展是其他两方面可持续发展的重要前提，在此基础上就是社会经济的可持续发展，最后是社会可持续发展。总体来说，三者相互配合，都是为了实现社会稳定发展的最终目标。

二、开发性移民的原则

（一）恢复原则

开发性移民是利用补偿投资帮助移民进行生产和安置区建设，补偿费用的计算应以移民区恢复至搬迁时的生产生活水平为标准，也就是用"三原"（原规模、原标准或者恢复原功能）原则恢复改建生产生活设施，而不能仅以财产损失的实物量为标准来计算补偿费用。有了这个基础，就能保持移民当前生活水平基本不降低；有了这个基础就能为深入开发创造前提，提供条件。

（二）补偿、扶持和发展相结合原则

开发性移民是对补偿性移民的发展，而不是对它的否定，没有补偿就谈不上开发。开发性移民的目标是妥善安排移民的生产生活，做到不降低移民原来正常年景实际的经济收入水平，并逐步有所提高。为了达到这一目标，首先要坚持补偿原则，根据国家确定的标准搞好补偿，保证移民生产生活水平基本不降低，为深入开发创造前提，提供条件。其次要坚持补偿、扶持和发展相结合的原则，在补偿原则的基础上与后期扶持相结合，通过各种措施，实现安置区社会经济的持续、稳定发展，走开发性移民之路。

（三）系统性原则

开发性移民并不简单，其移民安置是无法只通过移民安置来开展的，必须兼顾多方面，使其达到相同的水平。移民开发和建设安置区要看作一个整体，移民安置和促进生态平衡同样如此，也不可忽视重建移民的社会经济系统，明确和决定开发性生产项目等与移民个人或集体利益有关的部分。

（四）移民参与原则

在移民生产开发过程中，移民群体处于主体地位，有移民在生产开发的决策、实施监督中充分发表意见，才能确保移民的利益不受侵犯，确保开发项目符合移民群众的实际需要，才能有效地防范和化解各种矛盾的滋生甚至劣变，才能

确保移民生产开发的正确方向,才能有效地维护社会稳定。

三、"开发性移民"方针的重要作用

"开发性移民"方针是在总结几十年来工程补偿性经验教训的基础上提出来的,重要作用就是根本上解决了移民安置问题,既不影响江河流域的治理和开发,又不会产生不安定的社会因素。

(1) 充分发挥移民经费的经济效用,把静态投资变为动态投资。通过地方政府对有限的移民经费动态管理,加强移民资金使用的合理性和前瞻性,引导移民发挥主观能动作用,利用当地自然资源和劳力资源的优势,开辟多种形式、多种渠道,发展生产、发展多种经营、发展乡镇企业,使移民的生产生活不断得到改善和提高。

(2) 引导移民寻找发展途径。以前的补偿方法产生的结果是移民得到补偿资金后,基本上处于无秩序、无控制状态,移民靠自己的能力和素质摸索发展经济的道路,由于对新环境的不适应和一些自身的原因,导致生活水平停滞不前甚至倒退,带来了严重的社会问题。开发性移民是政府主动开辟多种安置移民的渠道,提供比较广阔的就业机会,并加大后期政策扶持,采取多途径、多层次、多种形式、多渠道的办法,引导移民对多种行业开发、经营,发展经济。

(3) 保护生态平衡。安置区(包括库区)的情况虽然不同,但都有一些生产资源可以直接开发,移民为了尽快恢复和提高生产生活水平,会对资源进行不合理的开发利用,走粗放型经济增长模式,造成资源的极大浪费和生态环境的日益恶化。实行"开发性移民"方针,把移民经济发展纳入区域社会的发展规划,就能很好地把移民发展同环境保护结合起来,正确处理人与自然、保护与开发、长远与当前、全局与局部的关系,努力追求经济效益和生态安全双重目标。

(4) 保持移民的稳定性。"开发性移民"方针主要是培育了移民的自育能力,水库移民通过适应、摸索,通过一定的时间把经济搞活以后其他问题也就迎刃而解了。

四、开发性移民效果

开发性移民的最终目标就是要实现两个同步:即移民安置与发展安置区(包括库区)经济同步进行,安置区(包括库区)经济建设与工程建设同步进行。水库移民生产开发的效果主要体现在以下几个方面。

（1）基本生活水平不降低。保证移民群众当前的基本生活水平不降低，这是传统补偿性移民的基本要求，也是开发性移民的首要标准。只有首先保证移民群众的当前生活要求，才能充分调动广大移民群众参与迁建工作的积极性，为进一步开发和发展提供物质基础。

（2）基本生产条件有所改善。这是开发性移民必须解决的问题，即基本的生产生活设施重建，为移民群众生活水平尽快恢复和提高提供了物质基础。公共设施的完善、便利，意味着降低了移民生活区建设成本、生产成本和交易成本。与搬迁前相比，移民在付出同等努力的情况下，可以得到更多的收入，顺利提高生活水平。

（3）生产技能得到提高。采取多方位、多层次的技术和知识培训，努力提高广大移民群众的生产技能，这是水库移民迁建工作必须关注的首要问题，也是推动安置区经济迅速发展的主要着力点，更是保证安置区经济长期持续发展的重要环节。移民能否在安置区长期发展，基础取决于生产技术素质能否适应新的发展模式，能否尽快恢复和提高自己的生活水平，能否对未来充满信心。

（4）可持续发展模式的建立。实施"开发性移民"方针的最终目的，是要保证水库移民的生产可持续发展，也就是既满足移民当代人的需要，又不对后代人满足其需要的能力构成危害的发展。这就要求在水库移民的安置规划、资金计划及各项具体实施措施上，重点依靠科技进步和提高本身素质，不仅要保证眼前的基本生活水平不降低，还要随着经济结构的不断调整和科技含量的日益增多而提高经济发展质量。只有这样，才能真正使经济发展与自然、社会相和谐，具有长久的、活跃的发展能力，保证"开发性移民"方针得到顺利圆满的实施。

第二节　水库移民生产开发

一、水库移民生产开发的内涵及特点

移民生产开发是一种对移民安置区内社会、经济、自然环境系统带有强制性的变革活动，它反映着一个特殊区域在限定时间内发生巨大变动的过程，是一个庞大的系统工程。其开发方式按照移民安置方式分为农业安置、非农业安置和兼业安置。

二、水库移民生产开发资金来源

（1）现有政府性资金，包括预算内投资和国债资金、扶贫资金、农业综合开发资金以及政府部门安排的各类建设基金和专项资金，促进库区和移民安置区两个区域的经济发展。

（2）从征集获得的后期扶持资金结余中抽调资金，用于帮助库区和移民安置区发展，财政部、国家发展和改革委员会会同水利部等部门制定详细的扶持计划。

（3）在最终的库区维护基金中调动资金。但地方各级人民政府也不能袖手旁观，要利用各种手段投入更多资金，在社会上募捐和促进相应的企业捐款，获取更多的资金来源。

（4）地方政府的优惠政策引导。水库移民的资金来源具体有：鼓励移民以财产担保或乡政府担保借款，用于移民生产开发；制定政策对移民生产开发项目实行贴息贷款；对市场经济基础比较好的村和项目，鼓励和指导移民建立股份制企业或入股合作开发项目，周转使用集体资金，移民村根据村规民约，对移民户使用集体资金或集体设施开发，签订使用协议，明确双方责任和义务，规定本息返还时限和办法，以确保集体资金安全。

三、水库移民生产开发方式

水库移民生产开发，针对不同的社会经济发展水平及可利用的资源条件，结合各地的实际情况和安置模式，积极探索，因地制宜地采取不同的生产开发方式，主要有以下三种。

（一）大农业安置生产开发模式

坚持以土为本，以农为主，实行集中安置与分散安置相结合。这种安置模式适合社会经济发展水平不高、商品经济欠发达、人口密度不大、以农业生产为主的地区，主要是通过调剂土地、开发荒地及滩涂等手段，为移民提供一份能够满足生存与发展的耕地，生产开发方式主要是农业综合开发，发展复合型生态农业，也就是在追求最大农业经济效益的同时，以提高资源利用效率和资源节约型发展为基本要求，发展与资源、环境及相关产业相协调的复合型生态农业。开发方式具有以下几个特点。

水库移民库区区域经济发展研究

1. 以土地配置和农业开发为主

土地是农村最基本的自然资源,能否科学合理地进行开发和利用直接影响到移民的生活和生产水平的提高,直接影响到移民能否"稳得住"的关键因素。因此,土地配置和农业开发是移民生产开发工作的重要内容。对土地资源,应按照"条件允许、合理利用保护资源、节本增效"的原则,在保证粮食生产的前提下,根据各地资源特点,积极发展多种经营,适度开垦宜农荒地资源,实现农业资源的增值利用。

2. 农业开发和生态环境资源相协调

农村的自然资源利用水平还处于初级发展阶段,各方面的条件还很不成熟,所以,移民生产开发要发展节时、节地、节水、节能型的农业制度与农业技术,稳定提高农业综合生产能力。在调整优化农业结构的同时,建立更多的农田水利等农业基础设施,完善生态环境,提升农业生产条件,促进生态平衡,提高农业综合生产能力。妥善对待基本农田,减少对林地、草地和水资源的破坏,减少水土流失现象的出现,对一些条件较差的耕地进行退耕还林、还草、还湖。力争实现生产产量最高、经济效益最好、生态效益最优、生态平衡最佳等目标。

3. 可持续发展

我国的人口众多,资源有限,在这种背景环境下,开发性移民安置方针的核心内容是走持续发展的道路,合理配置农、林、牧、渔、工业,建立高效、低耗和无污染的经营体系。

4. 发挥区域比较优势

水库移民生产开发要从不同地区资源与生态环境的实际出发,设计与实施适宜的生态农业模式。我国幅员辽阔,各地区气候条件、生态类型、农作区域、经济基础等差异很大,农村资源利用应有不同的模式,因地制宜,利用不同种类生物群落的共生功能,建立物质能量多层利用的复合生态系统。例如,对于部分地区适宜机械化操作的耕地,采取集约化经营,建立标准化农田;对于丘陵地区可进行综合开发,充分利用山地的复合资源,采取林—果、茶—草—牧、渔—沼气等适宜的模式。

(二)非农业安置生产开发模式

非农业安置模式是指不为农村移民配置土地,第二、第三产业安置、自谋职业安置、长期补偿、土地使用权入股和养老保险等少土或无土的安置方式。

1. 第二、第三产业安置模式

部署第二、第三产业的同时进行小城镇化,在移民进入小城镇开展迁建的过程中,把条件和能力都较好的农业移民,搬迁进原本就存在的城镇或者建立的移民小城镇,可以进入到第二、第三产业岗位,也可以自己进入第二、第三产业单位,以其他的补偿代替土地资源。

2. 自谋职业安置

移民会有一些接受过教育、有文化素养的人群,他们往往有技能傍身,不用依靠土地生活,其收入长久且稳定。经过这部分移民同意后,可以给其一定的土地补偿费,让其自己上岗。但是,该方式一般所占比重不大。

3. 长期补偿模式

长期补偿模式分为两种补偿方式,一种是长期实物补偿,另一种是定期支付现金。

(1) 长期实物补偿。计算过征收耕地的农产品品种和产量,再用货币依据各年市场粮食行情进行价值补偿的安置方式,实际上是以出租的形式向业主提供土地,支付货币的多少与市场经济密切相关。

(2) 定期支付现金。对征集使用的耕地以净产值为基准,长期每年支付现金,除耕地以外的土地依旧是用货币一次性全数补偿完毕,没有详细地长期计划其生产安置,各村民组自己同其他人一起开展生产。定期支付现金和长期实物补偿的区别是定期支付现金的金额是一定的,长期实物补偿的金额是不确定的。

4. 入股安置模式

入股安置模式是指农村移民将经评估后承包地使用权或者将被征用土地的土地补偿款和安置补助款,以资本金的方式投入到水库建设与开发经营中,根据所占股份比例分享经营效益,这种方式只对具有经济效益的水电站有效,对公益性如灌溉、防洪等为主要目的水库建设则毫无意义。

5. 养老保障模式

对超过一定年龄的移民,使用土地补偿费用为他们办理养老保险,一律按月获得养老金。这种安置方式不存在生产开发,只是保证老年移民或有劳动能力的移民老有所养,满足生活需要。

(三) 兼业开发模式

即采用农业和非农业兼顾的安置方式。这种方式使移民的安置攻破了对于农业移民的局限性,将农业与非农业的生产方式综合化,很大程度地引进了新的生产活动，又兼顾原有农业的生产方式，更有利地保证了移民搬迁后的生产生活。这样的安置方式要针对相应的情况使用。主要适用的情况是：城郊的接合部、总体的社会经济发展水平相对来说比较高、地区拥有比较发达的商品经济、道路及交通方便、从事农业移民数量相对较少等此类区域。处理好移民的安置工作后，为移民后期的生产生活提供相应的扶持是非常重要的。相对于集中安置移民，可以以第二、第三产业发展为主要内容，实现农业优质、高产的生产方式，在发展农业的同时，有效地解决了移民的就业问题，也再次避免单一非农业产业对移民的生产发展产生一定弊端，从另一个角度来看，也增加了从事纯农业产业移民的收入水平。这些措施不但能够提高移民的生产生活水平，也能够有效开发乡村，加快乡村过渡为城镇的速度。在现实生活中，飞来峡水库的移民安置政策采用的就是这种移民安置方式。对于移民搬迁后的生产方式扶持，不但保留了原有的部分耕地，使原有的传统耕地生产方式保留了下来，使搬迁人民的粮食问题得到了很好的解决，而且，由于其地理位置与香港和澳门邻近，促使第二、第三产业的项目蓬勃发展，解决了移民的就业问题，更加推进了水库移民向城市化迈进的发展进程。

第三节 土地配置与农业综合开发

我国水库移民安置方式主要以大农业为主，其理论基础就是土地对于农村移民的价值功能。根据国内学者的相关研究，生活保障、就业机会、直接经济效益三个方面的功效，是土地对于农民的主要价值功能。

一、土地的经济价值构成

根据土地的各种形状和特点进行土地的经济价值构成分析的目的，主要是掌握土地资源状况，识别土地资源的特性、功能和用途，进行土地评价，制定土地利用规划，合理分配土地。

对于大农业安置为主的安置区来说，土地的经济价值是调整的土地合理分配给农村移民个体的依据，是能否实现移民"搬得出、稳得住、能致富"的关键所在，直接影响到人心的安定和区域社会秩序的稳定。同时，土地资源又是决定农村移民环境容量的主要因素，耕地面积和质量是政府进行科学、合理、公正、客观地调整土地面积的基础。因此，分析土地资源的经济价值构成对于移民安置具有极其重要的意义和深远的影响。

对于就近安置的水库移民，耕地多属于山区，水库建成蓄水后，地势较低的低洼地及良田被水淹没，耕地更为紧张。从移民分得的土地产生的经济效益而言，差距可能会加大，有的处于交通不便的地区，不适宜机械耕作，所用的人工费用会相应增加，每亩土地的产值就相应减少，在土地调整中，应该按照实际情况拥有比以前多的土地，但是又产生了另外一个问题，那就是耕作半径是否满足移民的心理承受能力。

土地的经济价值构成由以下几部分组成。

(1) 土地的种类，按照土地的经济用途，可分为耕地、林地、牧地等。其中，耕地按作物类型还可分为粮食作物用地、经济作物用地、蔬菜地等；按产量高低可分为丰产地、低产地等；按灌溉条件可分为水田、水浇地、旱地等。林地可分为用材林地、防护林地、薪炭林地、水土保持林地和苗圃等类。牧地按草地类型可分为天然放牧地、天然割草地、改良草地、人工草地和未利用草地等。单位面积产值（包括复种面积）按实际人均年产值计算。

(2) 耕作半径，耕作半径是指居民点中心距耕地边缘的最远距离。耕作半径过大，耕种、管理和收割不方便，农作物的生长与收成势必会受到影响。除了正常投入物质资料外，还额外增加了人工费、机械损耗费、燃油以及花费过多的时间，相应地比耕作半径小的土地损耗的要大。这就需要在土地分配时，根据实际情况寻找一个定值，进行系数对比，折合成标准值。

(3) 适合种植的农作物，按照安置区目前的实际耕种情况，估计每块土地最适合播种的农作物，按照产生的经济收入，与主要农作物的经济收入进行对比，折合成标准值。

二、土地利用规划

土地利用不仅是自然技术问题和社会经济问题，而且也是一个资源合理利用和环境保护的生态经济问题，同时承受着客观上存在的自然经济和生态规律的制约。《大中型水利水电工程建设征地补偿和移民安置条例》规定，对移民安置要因地制宜，统筹规划。如何在安置区有限的空间内既不影响原居民的生产生活水平，又能合理安置移民，是地方移民机构首先要考虑的问题，也是移民规划技术人员进行土地调整计算的首要任务。移民安置区土地利用规划就是根据区域国有土地规划和区域社会经济发展计划的要求,结合自然生态和社会经济具体条件,寻求符合区域特点的和土地资源利用效益最大化要求的土地利用优化体系。安置区土地利用规划包括远迁或就近移民安置区的土地规划。

(一) 土地利用规划的任务

(1) 土地调整综合平衡。地方政府在进行土地调整时,需要协调土地的供应能力和需求状况的矛盾,寻求土地资源的平衡,既满足移民安置的要求,又不影响原居民的生产生活水平,这是土地利用规划的首要任务。

(2) 完善土地利用结构。土地利用系统主要围绕土地利用结构开展,功能的最终展现取决于其结构组成,土地利用的长久计划的关键部分是在限制了有限资源的条件下帮助移民获取最合理的土地利用结构和种植业调整结构。

(3) 维持生态平衡。将土地资源视为一个整体和系统,从大局出发,全面、合理地利用土地资源,调和土地生态经济系统的内外关系平衡,土地的利用与开发是并存的,尽量减少负面影响。

(4) 土地利用布局。在安置区进行局部规划,根据不同土地用途、经营特点和利用手段,行业需要多少土地,并要求其呈何种分布状态,考察过土地质量和环境之后择优搭配,什么土地适合什么产业就安排什么产业放置其中。

(5) 土地利用设计。系统地部署了土地资源之后,科学地使用整合土地,将每块地的价值开发到最大,提高各种作物的产出率,将占有率减少,缓解人地紧张的状况。

(二) 土地利用规划的作用

(1) 再分配土地资源。科学使用稀少的土地资源以其为基础,必须根据土地数量比重和空间组合关系,合理配置资源以满足移民个体的生产生活需求。

(2) 确定土地利用方式的重要依据。在移民安置初期专业技术人员根据区域社会的实际经济情况,合理确定经济发展方向,有利于种植业结构的调整和发展第二、第三产业。

(3) 有利于生态环境的平衡,尤其是水土资源的平衡。在规划中,分析区域水资源的余缺情况,采取相对应的水量调节措施,或是调整土地的利用方式,合理协调水资源的供求关系,保持区域社会的水土平衡。

(4) 保持区域社会可持续发展的需要。移民安置的重点是构建安置区社会发展稳定和谐的长效机制,以重建安置区的社会经济为起点,恢复和提高移民的生产生活水平,保持区域社会经济的平衡、快速、稳定发展,达到长治久安的目的。实现这个艰巨任务的基础,就是必须要保持土地资源的有效利用。

三、土地利用配置

移民农业生产布局又称农业配置,指农业生产各门类由于一定的安排、部署而形成的空间分布。合理的布局可以使农业生产发展因地制宜,以便从一定面积的土地上获得尽可能多的优质农产品,取得最佳的经济效益和综合社会效益。这是地方移民机构在土地调整的前期着重要考虑的问题。

(一) 土地利用配置原则

进行农业生产布局时,在符合区域社会经济发展需要的前提下,以农业区划为依据,充分考虑下列原则。

(1) 扬长避短,因地制宜。根据安置区自然条件和耕地资源,充分考虑安置区居民和水库移民群众的生产习惯,选取最适宜的农业生产组合。

(2) 生产同原料来源和产品的加工消费地区相结合,农业布局同工业相结合。如建立为工业和城市服务的工业原料、商品粮和副食品供应基地;在原料产地建立相应规模的农产品加工工业等,以利于农业的专业化和商品化。

(3) 促使农业生产地区之间发展达到同一水准。不但要促进农业发达和较发达地区的生产,还要帮助不发达地区的农业尽快达到农业发达地区的生产水平。

(二) 土地利用配置方案

耕地、林业用地、副业用地、园地配置等都是生产用地的利用配置,不同的用地对自然、交通、市场等条件都有不同的要求,在其中进行择优搭配。耕地是耕作生产要素的基本构成,其中含有耕作方式、水系、田间小径等元素;园地是农业生产的重要组成部分,发展果园业,对于增加收入、改善农业生产条件和美化环境具有重要的作用,但要根据安置地的实际情况进行配置。

四、农业综合开发概述

(一) 农业综合开发的内涵

它是一种综合性生产建设活动,即在时间和区域条件的限制内,通过充分的发掘、使用农业资源,从而促进地区和农村经济的进步。它只为最优搭配农业生产要素并对其进行合理地开发使用,将农业综合生产能力和市场竞争力大幅度提高,把传统农业逐渐转变为现代农业。它一般会以长期发展规划为基础,从多角度科学地开发使用一个区域的农业资源,同时加强经济、社会与生态的三方面价值与效用。开荒平地种植树木、修建水利工程、装备机械、改进生产技术、提高土壤质量、尝试数种经营等活动是开发要注意的方面。也可以从狭义的角度来说,农业综合开发是一种以农业为主的投入产出活动,主要发掘农业自然资源的价值,如开垦荒地、改进土壤、种植树木等。从与之相反的角度说,农业综合开发及其包含范围十分广泛,开发农业资源只是一部分,充分使用农副产品的价值和对其加工也是;开发农业生产领域是一部分,造就农产品流通市场也是。

农业综合开发的"综合"具有多重含义。首先,是指开发方式的综合,即对山水田林路实行综合开发与治理,农林牧副渔协调发展。其次,是指资金来源的综合,即实行财政资金、银行贷款、自筹资金综合投入;同时,也吸收社会各方面的投资。再次,是指治理措施的综合,即有针对性地采取工程、生物和技术相结合的综合治理措施。最后,是指治理效益的综合,即取得经济、社会和生态方面的综合效益。

(二)开发特点

农业综合开发的特征有许多,不仅具有"综合"特征,还含有其他特征。

(1)市场取向。将农业综合生产能力提升上去是农业综合开发的目的,当时的市场需求通常决定了开发规划部署的制定与开展,市场方向同样决定了生产要素的最优搭配,它们都只为让农业市场更具竞争力。

(2)导向。在科技的基础上,通过了解资源和区位都适合什么产业,明确最终的核心产业和主要产品,基地逐渐产业化,贮藏、保鲜、加工、运输、销售等生产中一系列的环节都要给予相应的重视,使经营方式也逐渐产业化。

(3)实行项目管理。项目管理是农业综合开发的依据,构建一套针对评估论证、申报审批到资金拨付等环节的机制。什么项目投放多少资金都有严格的规定,保障农业建设走上战术合理、设立项目走程序、管理严谨的道路,整个农业综合开发都严谨有序,避免出现不必要的问题。

五、农业综合开发原则

(一)粮食安全原则

为什么会出现粮食安全这个概念?因为 1970 年之后爆发了一场粮食危机,联合国粮农组织便就此提出了粮食安全。我们可以将它认为是让每个人都能随时吃上数量足够的、可以保障安全与健康的食品。水库移民大农业安置的目的就是要保证移民群众的基本生活，在此基础上进行开发，保持区域社会的稳定和发展。首先，粮食安全有利于保证区域社会经济持续快速、健康发展。农业是国民经济的基础，而粮食生产又是农业的基础。其次，粮食安全有利于社会的稳定及构建和谐社会，相对来说，水库移民是弱势群体，为了保证他们的基本生活，构建和谐社会，就必须保障粮食安全。

（二）因地制宜原则

移民安置地点的详细情况都存在一定的差异，完全使用现成经验是不可取的。和其他安置区的生产模式一样，应当寻求符合安置区自然资源、农业生产条件和移民自身能力的项目，根据土地优势选择合适的产业，使经营模式走上产业化道路。当然，只注重借助自然资源的环境特点是不可行的，人文环境等社会环境的条件与限制更要注意。各个地区的人口都有其特有的文化，其本身的思想、传统习惯、人际交往、对外来文化的包容程度等特点都是不同的，民族与民族之间存在差异，民族中的不同群体同样存在差异。调节整合农业结构时，绝对不能一刀切，更不能拔苗助长。

（三）可持续发展原则

该原则范围广泛，综合了经济、社会、文化、技术和自然环境，包含了资源和生态环境、经济、社会三个可持续发展方向。经济发展是基础，自然生态保护是条件，社会进步是目的，三者是一个相互影响的综合体，这是水库移民安置的理念和终极目标。第一，可循环利用的资源和优良的生态环境是经济可持续发展的条件。第二，经济可持续发展是文化可持续发展的条件。第三，可持续发展以人为本，最终目的是促进社会的全面发展。

（四）科技领先原则

将农业的科技生产力之中的各个要素融为一个整体，可以促进经济快速向前发展。农业的劳动者充分运用科技，农业生产可以变得更加便捷，让农业经济逐渐用智力代替体力；完成各类农业资源的合理配置，使农业生产结构由低级向高级转化。这是水库移民大农业安置生产水平提高的主要渠道，也是移民稳得住的保障和经济发展的出路。

（五）政府保护和引导原则

水库移民大农业安置需要引导和保护，是由历史经验和我国国情决定的。目前，地方政府对水库移民农业安置的生产开发方向是：①进行集约型农业生产，在保证移民基本生活的基础上，改良种植结构，主要种植优质农产品，慢慢形成优势产业,取代落后农产品,缩小其生产规模;②注重科技,强调科技开发,逐渐减少帮贫扶弱的投入,通过研发科技帮助水库移民走上致富道路;③主体竞争。移民安置的目标之一是纯收入的增加,只有在农业生产的基础上,提高移民自身的技能,才能使他们通过自身努力向市场索取源源不断的经济利益,获得自身的造血功能。

六、农业综合开发可行模式

(一)优化种植业结构

在发展生态农业的过程中,要以科技进步为动力,以市场为导向,优化区域布局,提高生产基地的组织程度,改善品种品质结构,大力发展优质专用粮食生产的同时,要因地、因时种植效益较好的水果、蔬菜和发展高效益的产业如花卉、草木等,充分实现经济发展与自然资源的最优结合,变资源优势和生态优势为经济优势,实现经济效益、社会效益、生态效益和移民增收相统一。

(二)农产品加工利用模式

该模式主要是加工或转变不同类型的农产品利用,减少资源浪费并维系生态环境和谐。将新鲜农产品运往各地,简单加工或深加工农产品。运送新鲜农产品的目的是为了减少农产品在流通时的浪费,增加收益,深加工的目的是为了构建生态加工园区,生产农产品并形成一定的规模,这种深加工农产品可以加强农产品的效益,逐渐商品化。

(三)可持续性发展模式

移民面临的最主要问题是迅速提高自己的生产生活水平,但同时也应当发展可再生资源,合理配置农、林、牧、渔、工业,走持续发展的道路。对土地资源应按照"条件合理利用、保护资源、节本增效"的原则,在保证生产的前提下,根据各地资源特点积极发展多种经营,适度开垦宜农荒地资源,实现农业资源的增值利用,而对于大量不宜耕作的陡坡地要退耕还林还草,控制破坏性生产。对于水资源,要树立节水意识,杜绝浪费水资源的现象,根据实际情况,推行节水灌溉,有条件的地域进行合理开发。

(四)因地制宜,实施生态农业循环模式

水库移民安置区分布广泛,各地区气候条件、生态类型、农作区域经济基础差异大,农业综合开发时要因地制宜,采用不同模式,建立物质能量多层利用的复合生态系统。合理利用农业中产生的秸秆和畜禽粪便等各种没有用途的遗留物，维护环境，促进生态和谐，加工成肥料、饲料，甚至还可以变成新型能源，使废弃物也有价值。

(五) 农业科技信息资源整合模式

该模式主要是整合区域范围内的大专院校、科研院所，以及农业科技示范园区龙头企业、农业主管部门，对其科研设备、技术、资金、市场、信息和人才等要素进行系统化整合，实现优势互补，扬长避短，发挥其最大化效益。

第五章 水库移民安置的区域抉择

参考国外的先进经验，再结合我国实际国情，融合我国水库移民领域现有的研究成果，本书旨在为水库移民经济建设良好的经济体系提供些许建议，而在水库移民经济中最为重要的一环就是移民的安置工作。若想妥善地处理移民的安置问题，首先要选择合适的安置区域。移民能否得到妥善的安置，这直接关系到水电工程能否顺利施工，从而间接地影响库区当地的经济状况。而本章主要针对水库移民中安置区的选择这一问题展开论述，在探讨安置区选择的原则基础上，确定选择的依据，并总结了三种实用的选择方法。

第一节 水库移民安置区域抉择的原则及方向

一、水库移民安置区域选择的基本原则

在水库移民这一问题上，国内外都有一些值得借鉴的经验及文献，通过总结，笔者发现综观国内外的水库移民工作，在安置区选择时普遍需要遵守的原则有以下三点。

（一）以人为本构建和谐库区原则

水库移民的安置工作是围绕着人展开的，水库移民也是一个复杂的研究课题，若想通过水库移民改善水库地区的经济，就更不能将其作为一个单纯的人口迁移问题看待，而是要将目光锁定在如何通过移民促进当地的社会体系建设及经济快速发展上。也正因为这是水库移民工作的主要目的，水库移民安置工作更要重视移民的社会适应性，要将以人为本的原则放在第一位，充分考虑移民的利益。库区的安置要将移民的利益放在第一位，重视移民自身的决定，使移民能够在新地区中将特长充分地发挥。而在具体的工作中，以人为本的原则又可细分为诸多原则，主要有以下几点。

第一，最小移民原则。在以人为本的原则中，最基本的原则就是最小原则，它主要指两方面内容：首先，总移民量最小化，在规划之初就应做好调查与规划，做出最合理的计划，尽可能地减少移民的总量，将移民量控制在最小，降低移民的总规模；其次，单位区域内将移民人数控制到最小，在确定安置区后，要根据安置区的具体情况，在可容纳范围内尽量减少安置移民的数量，为安置区留出充分的发展余地，这就要求在进行安置区人口规划的时候，严格遵守"短板效应"原则，结合环境因素，谨慎地下达结论。

第二，自主自愿原则。水库移民是为了水库的建设及发展开展的移民活动，从根本上来说这是非自愿性的移民，但是不能因为初衷不是自愿的，就采取强制的手段，在移民过程中还是要保证遵循自主自愿的原则，要将最初的非自愿性尽早消除。对于移民来说，他们并不是从根本上就无法接受搬迁，而是因为这件事对自身的发展以及对后代子孙繁衍、发展都存在着重大的影响，因此不得不格外慎重。他们要通过缜密的思考来决定迁与不迁，如果迁，那么迁往何处、距离远近、搬迁后自身如何发展、是听从政府的安排还是自寻发展等方方面面的具体问题需要思考。正是由于搬迁对于百姓是一件非常重大的事情，所以在移民工作中，应该多听听移民自身的声音，尊重他们的自主权，为移民提供多种安置方案，使移民能够感受到自身的生存是能够有所保障的，打消移民的顾虑，使其自主自愿地接受移民活动。

第三，因人制宜原则。在移民安置方案中，除了要考虑外界环境等因素，最主要的还是移民本身，回归到本质，移民才是核心的因素，在设定安置方案时应充分考虑到移民自身状况的差异性，提供不同的安置方案。一般来说，主要影响移民的个体差异有以下几点：年龄差异、家庭结构的差异、接受文化的差异、经济实力的差异、自身心理状态的差异、获得社会资源能力的差异以及个人主观意愿的差异等。相对来说，年龄偏低、文化水平偏高的人接受新知识、新技术的能力强，思想更加开放，对于风险的承受能力也较强，因此可以建议他们选择自谋职业或者农转非此类的安置方案。与之相反，年龄偏大、文化水平偏低的人在学习能力、接受程度、风险承担能力上都比较弱，一般建议其选择有土安置或社保安置等更为安稳的安置方案。

第四，最大相似性原则。安置区的选择，一方面要保证移民日后的工作与生活，充分考虑移民当下的生产能力与生产方式，以及未来能够被挖掘的生产潜能；另一方面为了保证移民与当地居民近况完成融合，保证安置区的稳定与和谐，所有的安置方案都应该全面考虑移民前后居住环境的相似性。在外部环境上，尽量选择与移民原住地生活环境、生产方式等都相似的地区；在人文环境上，应让移民尽量居住在与移民前有相似的风俗习惯及社会结构的地区。这能够使移民减少陌生感，尽快地适应新生活，更能接受移民这件事。当然，由于现实情况的限制，很多情况无法做到完全一致，但应秉承最大相似性的原则进行移民安置区域选择。

第五，风险最小化原则。一般情况下，库区的选址都相对较为偏远，大多数都是在山区等经济欠发达地区。当地人们的经济状况相对落后，农村居民的收入仅能支撑温饱，甚至还处于贫困状态，而移民的文化基础较为薄弱，接受教育的水平低，学习新技能的潜力也相对较差，加之社会保障不到位等社会因素，导致他们无法承担太大的风险。所以，在选择安置区域、制定安置方案的时候，要充分考虑风险因素，尽量降低安置风险。在诸多安置方案中，与远迁安置相比，风险较低的是后靠安置；与分散安置相比，风险较低的是集中安置；与离土安置相比，风险较低的是有土安置；等等。但是值得注意的是，降低风险不等于完全规避风险，更不等于盲目地为移民安排稳定工作，为其生活增添层层风险。而是要风险与利益兼顾，在风险能够控制的前提下将利益最大化，在保障利益的同时，风险最小化，保证两者之间的平衡，不能一味地追求一方面的极致。对于这一点来说，可以采取以下措施：为移民提供一定的基础保证，如一定的土地、适当的社会保障等，在此基础上，为移民提供多种安置方案，为其说明其中的风险及可能获得的利益，由其自己选择，调动移民的积极性，不仅为其提供保障，还能保证他们步入小康生活。

第六，最大社会安全感原则。水库移民往往是世世代代居住于此的居民，他们已经适应当地的经济系统，有着熟悉的邻里亲朋，有自己稳定的社交圈子，可以说他们对故土是有着难以割舍的感情的。当他们决定搬迁至其他区域后，面临的是经济系统的解体及重组，邻里亲朋关系的变化，社交圈子的解散及重组以及故土难离的伤感，他们必然会产生孤独、不舍等情绪，心中的不安全感将会到达巅峰。如果无法进行有效的缓解与疏通，不能保证移民感受到最大的社会安全感,移民极有可能会破坏社会结构稳定,甚至出现返迁的状况。而如何使移民具有最大的社会安全感呢?主要依靠的是在安置地区的选择上寻找最相似、最熟悉的环境,这样能够给移民最大的安全感。

(二) 因地制宜原则

我国地势广阔,各地经济、环境、风情人土也各不相同,所以能够提供的安置条件以及能够选择的安置方案都是各有不同的,很多地区的客观条件相差甚远,而很多安置区域的细节情况也各有差异。所以,在进行移民安置时,要根据当时、当地的具体情况进行准备,秉持因地制宜的原则进行安置区域选择的工作。而这一点主要表现在以下几种情况。

第一,有土安置为主原则。在我国水库移民安置方案大部分还是遵循着有土安置为主的原则的。造成这一现象的原因是我国地大物博,其中主要是以农业为主,尤其是在农村地区,工业化发展的水平偏低,大部分人口都是以从事农业活动为生的。而一般水库选择的地区更是以农村为主,这就导致了移民基本上都是以从事农业活动为生的,自身经济条件不富裕,也不具备其他生产技术,只能从事农业生产,这就代表着移民不能缺少赖以生存的土地。而有土安置的主要内容就是指在移民搬迁后,为保证其生存与生活,为其提供相应的土地作为其谋生的基本条件,使其仍然能够从事农业活动。同时结合当地的自然环境,大力发展与农业相关的种植业、水产养殖业、畜牧业等其他产业,为农民扩展发展渠道,使其形成一个完整的产业链。所以,当下我国在水库移民安置时必须以有土安置为主。而有土安置的主要特色就是,使移民拥有基本的土地保障,以扩张环境人口容量的方式,使移民在农业内部完成。现如今,在进行水库移民安置时应充分利用当地的先天环境,对安置地的农业产业结构做出相应的调整,保障移民的生存及利益的同时,还要争取使移民的生活水平有所提高。

第二,大农业安置结合非农业安置的原则。虽然,根据我国实际情况,大农业安置是最合适、最普遍的安置方案,但是毕竟农业资源是有限的,不能一味地索取。当安置区的大农业承受强度达到负荷极限时,将无法把全部的移民妥善安置,这时就需要其他安置方案进行协助与补充。而非农化安置方案就是将其余移民安置在农村第二、第三产业中,使其从事相关的行业,通过从事第二、第三产业满足生活的经济需求。例如,靠近矿区的移民安置地,可安排移民从事开矿采矿、建筑、建材等行业;农业较发达地区,移民可以以农业为基础,开展农副产品加工等行业;等等。非农化安置方式在一定程度上丰富了农村的产业结构,合理利用了农村的多余劳动力，既缓解了移民对安置地造成的土地压力，也加快了我国农业的工业化转变过程，间接提高农村的生活、经济水平。

第三，就地后靠安置与外迁安置相结合原则。在土地资源充足的情况下应该优先选取就地后靠安置，尽量开发土地资源，但是要保证当地自然环境不被破坏。另外，在安置方案中政府应该倡导移民选择外迁，但是要本着负责的态度，对于迁入地展开详细的调研，确保当地适合移民迁入。根据经验来看，移民外迁不仅能够降低迁出区的人口压力，还能为移民带来新的机遇，是其脱贫致富的一个重要途径。

（三）可持续发展原则

资源不是取之不尽、用之不竭的，基于对环境的保护，我国坚决执行可持续发展战略。而可持续发展就是指既能使当下的需求得到满足，又不对环境造成严重的破坏，使后世子孙的需求得到满足。对于水库移民来说，可持续发展是一个新兴的概念，也是一个硬性的要求。为了维持库区经济的长期发展，在进行移民安置时必须充分考虑可持续发展因素。另外，可持续发展的落实能够有效地推动库区的经济发展，推动水利事业，维持当地的社会平衡。而这一规则主要体现在以下几个方面。

第一，适度环境容量原则。移民在搬迁至安置区后，将会长久生活在此，甚至他的后代也会长久在此地生活。这就要求在选择安置地区以及规划安置计划时，要充分考虑当地适度环境容量，因为这是保证移民以后生活的根本因素，也是保证移民工作科学合理进行的基本原则。而对于移民安置区来说，环境容量就是指该地区以保证生态平衡为前提，在合理使用不可再生资源的情况下，能够长期养育的人口数量。此原则是从可持续发展的视角出发，将土地未来可挖掘的潜力提前容纳在移民安置规划需要考虑的事项范围内，将人口承载力归纳至移民安置区选择的衡量范围内。另外，对于安置区环境容纳量的判断不能局限于眼前的现实情况，还要对未来的情况进行预判，在选择移民安置区时，要对其情况进行动态的观察及总结。为实现移民全面奔小康的目标，要对移民在安置区内未来不同阶段的生活情况进行预设，通过人均国民生产值以及人均粮食的加权，计算出综合人口承载量，从而为移民安置的宏观调控提供支持。

第二，适度人口原则。适度人口原则是指与特定目标相对应的"最佳"人口规模。其中，"特定目标"既包括经济效益目标，也包括生态环境效益目标。同时，适度人口是动态的，是相对的和多元的，而不是静态的和一元的，因此，所谓适度人口,确切地说是指在发展变化中趋向"最大收益点"的人口,而无论人口的变化是增量的变化——增加还是减少,还是结构的变动——年龄、性别、分布等方面的变化。

第三,最大绿色覆盖率与最小水土流失原则。从本质上来说都是以保护土地资源为出发点,进行移民安置的规划与选择。首先,保证安置区的绿色覆盖率最大化。这其中包括安置区森林、草地以及农田等所有生长在土地上的绿色植物的面积。大面积的绿色覆盖能够帮助土壤保留水源及养分,能够有效地避免或减少水土流失,能够维护良好的生态平衡。而也正是因为绿色覆盖率有以上的作用,所以对于移民来说,它是移民能够更好地、更安全地生活于安置区的一个保障。一项调研结果表明,森林覆盖能够起到抗洪防险的作用。另外,数据表明,当森林覆盖率达到22.6%~30%时才能起到抗洪的作用,这一数据代表了,若想使森林起到抗洪的效果,其覆盖率必须达到22.6%,若想使森林的抗洪能力达到最佳,其覆盖率至少达到30%。近些年来,我国对于森林覆盖率的提升格外重视,林业部发布最新规划,计划大幅度提升我国森林覆盖率,根据地形的不同,标准也不同,高山地区要求最高,其森林覆盖率应达到70%以上,而高原丘陵区、低山浅丘区稍低,因此为50%以上及40%以上,对平原及盆地的要求最低,不低于20%即可。

在保证绿色覆盖率的同时,还要保证水土流失量达到最小,在安置区的选择中,当地的水土流失量应以水土流失量的最小临界点为准,不能超过这个数值。何为水土流失的最小临界点呢?有两种解释,一种解释为因水土流失而使该地区的生态功能发生退化,对其经济功能造成损失时,这个值就是其临界点;另一种解释为当发生水土流失时,对当地会造成一定的损失,而为了治理这一状况,当地会投入一定的资金,而当这两个数值达到一致时,这个流失量就是其临界点。在很多安置区中,为保证移民的生存而导致土地过度开垦,造成了整体环境的破坏,以及水土流失的加剧。这种做法虽能一时获利,但对于环境的影响也是不可估量的,而从长远发展的角度考虑,对土地进行过度开垦的行为是不可取的。

二、水库移民安置区域抉择的科学发展方向

(一)因地制宜地发展兼业安置

遵循可持续发展的战略方针,我国工业化发展较为快速,向城镇化转变的脚步也在不断的加速。因此,在水库移民的安置问题上,一改以往一味提倡农业安置的状况，而是在其基础上，大力推广非农业安置，采取两者相结合的方式，解决移民安置的问题，这种方法就是兼业安置。这种安置方法，一方面能够极大地提高土地的安置容量，在相同土地及资源的情况下，能够安置更多的移民，解决了移民多但土地少的难题；另一方面，它既继承了农业安置的优点，保证了安置的低风险，从而解决了非农业安置风险高的问题，同时又具备了非农业安置收益高的优势。由此可见，兼业安置是能够同时顾全风险与收益两方面的两全方法，相对来说更加稳妥，也能为移民提供更多的创造财富的机会，以其风险小、收益高的特点，深受水库移民区百姓的喜欢。

当然，这种方式的使用还是要根据具体情况而定。每个地区的耕地状况、非农业的发展情况以及移民安置的政策都不相同，因此，在采用兼业安置时，其侧重也应有所不同。至于究竟是有土安置为主还是将非农业安置放在中心位置，应根据当地情况具体分析，一般分为以下几种情况。

（1）以有土安置为主，以非农业安置为辅。这种情况主要是适用于土地资源较为丰富，环境容量较为松弛，而移民的整体素质偏低，对于农业生产非常熟练，但却无法快速学习适应新的非农业生产活动的地区。此类安置方法就是指为移民提供相应的土地使用权，使移民仍以农业生产为主要生产活动。在此之外，为移民提供相应的培训活动，使其能够接触到更多的非农业生产活动，让移民在从事农业生产的同时，能够通过政府的安排兼顾非农业生产。

（2）非农业安置为主，有土安置为辅。这种情况主要适用于土地资源较为稀少，环境容量较为紧张，但是非农业发展比较先进的地区。在这种情况下，移民往往会选择新获得很少一部分土地作为生活的基本保障，其主要的生活来源由非农业生产活动所获得。

（3）完全选择非农业安置。这种情况主要发生在非农业发展非常发达的地区，同时，移民整体的素质偏高，本身具备一定的非农业生产技能，或者能够快速学习非农业生产技能。这时很多移民在得到了相应的土地使用权后，选择申请一次性补偿，之后自由选择从事的行业。

以上几种情况，移民或多或少都会参与非农业安置，这也说明非农业安置在移民群体中接受程度较高。而也有调查结果证明，只要能有相应的经济保障，同时伴有政府的政策支持，移民选择兼业安置的意愿是比较积极的。首先，兼业安置能为有意向向非农业转移的移民提供基本的保障。受整体的经济环境影响，非农业为农民带来的经济效益是有目共睹的，受到利益的驱使，很多移民在之前就

第五章　水库移民安置的区域抉择

已经产生向非农业方向转变的意向，但心中可能会存在顾虑。而兼业安置能够为其提供最基本的生活保障，使其没有顾虑地向非农业方向发展，在保证生活的基础上，使移民能够为更好的生活积极奋斗。这种兼顾农业与非农业的安置方案，能够满足移民本身就想向非农业发展的意愿。其次，兼业安置为经济基础偏弱的移民提供了经济知识。很多移民在产生向非农业发展的意愿后，没有采取相应的行动，是因为受到了经济条件的限制。而移民后，他们所获得的经济补偿费就可以作为其从事非农业活动的起始资金。他们本身有土地保障其基本的生活，这笔补偿费就可以空闲下来从事非农业活动，可以用于自己创业或向其他企业参股等。最后，兼业安置为移民从事非农业活动提供了最有力的政策支持。当地政府可以为移民安置区提供一系列的优惠政策与服务，帮助移民自主创建中小企业，为兼业移民创造最佳的外界环境。

（二）积极探索置换安置

（1）置换安置的概念。在对水库移民进行安置的过程中，可以发现，农转非的工作并不顺利，实现的过程中面临着很多问题。首先，部分移民本身并不认同农转非的方式，也不想进行农转非的转变，这部分移民思想过于保守，一时间无法理解农转非的益处，也无法转变自己的观念。其次，即使移民有农转非的意愿，仍有很多客观条件限制他们无法顺利地完成农转非。他们其中很多人年龄偏高，所接受的文化教育时间并不长，学习能力偏弱，无法快速地学习相关的理论知识及操作技巧。另外，还有人受自身经济基础的限制，为其进行农转非安置的风险过高，所需投入的成本也相应地偏高，对于此类移民来说，其实有土安置才是最佳的安置方案。但是，要面临的现实问题就是很多安置区土地资源比较稀少，无法完全满足这部分移民的安置需求，不能为其提供相应的土地资源。在这种情况下，若想使他们全部享受有土安置的方案，只能对自然资源进行暴力开发。可是这种开发手段对自然环境的伤害是不可弥补的，它会导致整个安置区的生态环境变得恶劣，破坏其内部的生态平衡，由此甚至可能造成安置区原住居民与移民的剧烈冲突。

然而这种情况不是不能避免的，因为在安置区内部会存在一种现象：本地的居民享有相应的土地使用权，但是其自身已经向非农业方向发展，并且已经打下了一定基础，拥有了稳定的非农业收入。此类农民往往接受的教育程度较高，学习先进技术的能力也较强，本身也拥有较强的农转非意愿，并且已经拥有了一定的农转非基础，但是由于缺乏相应的支持政策，或找不到相应的发展渠道，而没有实现完全的农转非。因为非农业收入的存在，他们对于土地的经营也并不精心，往往采用的是粗放式的经营方法，反而造成了土地资源的浪费。对于他们来说，土地的存在是可有可无的，甚至是其农转非的一个阻碍。

通过分析可以发现上述两类人，一方适合土地安置，但是缺乏土地资源；一方拥有土地资源，但其意向并不倾向于农业生产。双方都处于困境当中，而此时置换安置方案为双方都提供了一个新的思路。所谓置换安置方案，就是指在农转非的基础上进行一定的改变，针对安置地区拥有农转非意愿的原居民实施农转非安置制度，将其土地回收，对其进行一定的补偿及政治支持，使其完成农转非，而将回收回来的土地承包给移民。这样就能满足双方的需求，使原居民转变为城镇居民，而移民的有土安置工作也得到了落实。

（2）置换安置的优点。作为一种融合了移民安置及农转非活动的、新兴的安置方法，它融合了两者的长处，解决了两者的困境，适当避免了两者的风险，拥有了很多其他安置方案无法代替的优点。

第一，它能够协助移民安置方案的落实。置换安置方案中，虽然采用了农转非的方法，但是对于移民来说，最终还是实现了有土安置。移民在搬迁至安置区后，能够拥有一份具有使用权的土地，有了这块土地的存在能够为移民提供一个基本的生活保障。若是安置区的经济处于较为发达的状态，第二、第三产业也能得到很好的发展。相应地，该地区的就业机会是比较多的，为移民提供了无限可能。有了土地的保障，移民也更愿意去尝试产业发展，帮助移民更快地适应当地生活，并快速找到脱贫致富的方向。

第二，置换安置完全符合可持续发展的要求。它在没有对土地进行过度开垦的情况下，为移民提供了合理的土地安排。既没有超过土地的承载力，也考虑到了环境容量的潜力。

第三，置换安置能够促进安置区的工业化及城镇化发展。若是强行对移民进行农转非的尝试，一方面，他们不是出于自愿，不会积极地参与到非农业的生产活动中；另一方面，他们本身并没有做好农转非的准备，也不具备从事非农业行业的能力。这种强行的农转非转变，可能会造成社会结构的动荡，从而影响当地城镇化发展的脚步。而采取置换安置方案后，移民得到的是有土安置，而进行农转非的是本身已经参与到非农行业中，并拥有一定基础，且拥有强烈农转非意愿的原安置地居民。这种转变将会更加顺利及平稳，从而也使当地的城镇化发展更加顺利。同时，因为原安置地居民从事非农行业的意愿较为强烈，也更有激情投入到非农行业的发展中，都会使当地的经济越来越发达。而当移民处于这种经济较为发达的环境中时，他们自然能够接受到更丰富的信息，享受到更多的就业机会，受到更深的感染，渐渐也会转变为兼业发展，最后过渡到以非农活动为主的生产方式中，也为城镇化的落实增添一分力量。

第四，置换安置能够带动当地农业经济发展。上文中可了解到一般会选择进行农转非的居民，在之前已经从事了相应的非农活动，日常的主要收入也来自于非农产业，反而对于自己拥有的土地没有进行有效的利用，而是选择粗放的管理，土地不能产生相应的经济效益。且因为长期的经营不善，会使土地逐渐丧失肥力，从而导致其无法持续利用，造成了农业生产的损失。当采用置换安置方案时，当地居民完全以非农产业为主带动了城镇化的经济发展，而土地被发放给了移民，移民自然会精心地照料，会更加高效地利用土地，同时也会更加用心地保护土地，使其成为一块真正的沃土，为当地的农业经济发展添砖加瓦。

第五，置换安置能够为国家节约投资。一般情况下，水库移民安置方案最初选择的安置区，都是经济较为发达、交通较为便利、基础设施较为完善的地区。若是移民能够顺利安置于此地，将会减少国家很多额外的资金投入。

（三）充分重视移民人力资源开发在移民安置中的作用

因为建立水利水电工程而引发的搬迁活动，对于移民的原本生活必然会造成巨大的影响，会打破其固有的生产生活模式。因此，政府会为其提供相应的补偿及辅助。在安置区的选择上也会尽量为其选择环境相似的区域，帮助其恢复原有的生产活动及正常的生活。但是由于种种条件的限制，移民的生活无法被完全恢复成原有的模式，很多移民适应的生产条件是无法复制及恢复的。因此，移民必须适应新的生活环境，寻找新的生产方式，才能维持并提高自身的生活质量。但是水库的选址往往是比较偏远的，这也导致了我国大部分的水库移民都拥有着相似的特质，观念保守、文化水平低、整体素质较弱、经济基础偏低，这也使他们无法依靠自身现有的能力紧紧抓住有限的机会，也为其生活、生产方式的转变道路设下了重重阻碍。基于这种情况，对移民进行人力资源的开发是至关重要的，必须使移民转变自身固有的思想观念、学习新的生产技术、开发其管理能力，才能使他们完成生产方式及就业选择的转变。

移民人力资源开发与普通人力资源开发既有着相同性，也有着差异性。对于移民人力资源开发来说，需要着重强调以下两点：第一，在投资与开发的过程中，既要兼顾其特殊性，也要强调其针对性。移民人力资源开发的方式与普通人力资源开发的方式大同小异，主要包括的内容也是教育、医疗、"干中学"、培养、人力资源流动等。但与其不同的是，他们所针对的对象是移民这一特殊群体，在进行投资与开发时，要结合其特殊性进行考量，对他们的投资与开发要具备一定的针对性。举例来说，对于一般的人力资源流动来说，其主要内容是将具备较高才能的人才通过市场将其放置在合适的位置上，而对于移民的人力资源流动来说，需要移民管理做的工作是组织移民进行劳务输出。

第二，要在开发的工作中着重强调安置工作。归根结底，水库移民工作的根本及最终目标是落实移民的安置与就业，这既是水库移民工作的核心也是其难点。所以，针对移民展开的人力资源开发工作也要围绕着安置工作进行。水库的建设能够为当地带来很多新的机遇，能够为移民提供更多的就业机会。但是产生机遇的同时，也将面临着挑战，移民能否胜任这些工作，抓住这些机遇是库区需要面对的一个问题。因此，应对移民展开针对性的培训与辅导，使其掌握相应的技能，胜任相应的岗位。

第二节 水库移民安置区域抉择依据

主要能够影响水库移民区域抉择的条件就是新安置区自身能够容纳的移民量。移民安置方案在分配每一个安置区的移民数量时主要依据就是该区域的环境容量。每个地区在每个时间段内拥有的资源量是有限的，资源的利用率及掌握情况也是有差异的，相对应的环境容量也不是无穷无尽的，环境容量本身有自己的一个"值"，有自身的限制，当这一限制被打破，随之而来的就是当地环境平衡被打破，社会—经济—资源—环境不能呈现一个和谐的状态，当地的可持续发展也岌岌可危。所以，在进行安置区域选择时，首先要进行科学、详细的环境容量分析。

一、移民环境容量概念及其基本理论

移民环境容量的出现是在环境容量的基础上，随着水库移民问题的出现而出现的。这是一个全新的概念，在对它的研究上还结合了对人口承载力及土地承载力的研究。

(一)适度人口理论

适度人口,顾名思义就是最适当、最合适的人口量。具体来说,代表着特定目标内存在的人口规模达到了"最理想""最完美"或"最和谐"的状态。然而因为特定目标之间具有差异性,目标的多样化使人们对于适度人口的解释也是多样的。很多国外学者都对其进行了专门的研究,得出了诸多理论,如以索维、卡尔·桑德斯和赫茨勒为代表的,以"人均指标"为标准的研究理论;以威克塞尔与坎南为代表的,以"产业生产率"为标准的研究理论;以索维为代表的,以"物质实力"为标准的研究理论;以威克塞尔为代表的,以"抚养能力"为标准的研究理论以及以马克思为代表的适度人口观,等等。而在这诸多的理论中,最常见也最重要的理论有以下几种。

(1)马克思的适度人口观。在马克思的理论中未正面对适度人口进行阐述,也没有为其赋予一个具体的定义,但是他曾发表过"两种生产"的理论。这一理论中充分体现了马克思对于适度人口的限定标准,即是以生产资料及劳动力的资源为标准进行适度人口的界定。

(2)按产业生产率指标计算的适度人口。威克塞尔是从人口与产业效益关系出发,把获得产业收益最大值的人口称为适度人口。坎南也认为,达到产业最大收益时的人口为适度人口。

(二)环境容量理论

环境容量理论即环境能够容纳的污染物并且对环境不能造成不可挽回的伤害的数量,它是对于经济收益处于最高时所需要的人口数量即最佳人口数量这一理论进行的拓展与深层次的论述,可以说环境容量理论是对适度人口理论深度的完善。环境容量理论是全面多角度对适度人口进行研究,可以说是可持续发展思想的雏形。

20 世纪 40 年代,美国学者威廉·福格特提出了对于一定面积土地生产出的食物能够满足人口所需的数量。他提出:

$$C = B/E \tag{5-1}$$

式中,C 表示土地承载力;B 表示土地的生物潜力;E 表示环境阻力。

福格特提出的理论认为所有土地的承载力都有一定的限制,这个限制是由这块土地在自然条件下生产的生物物质的潜在能力和妨碍生物生长的生物因素和非生物因素来决定的。但是,随着现代科学技术的飞速发展,人类建立了浇灌系统,培育了优良品种,生产了化肥、农药等,使得妨碍生物生长的各种因素大大减少,于是土地承载力得到了大幅度的提高。因此,人们对于福格特的人口承载力表达式进行了补充和修改,补充了科学技术这一影响因素,用 T 表示后可以表达为:

$$C = T \times B/E = B \times T/E \qquad (5-2)$$

式中,T/E 为科学技术的不断进步对妨碍生物生长因素环的削弱。从中可以看出一个生态系统对于它所能够承载的人口数量不是一成不变的值,在科学技术进步的变化影响下,它也随之发生变化。

20世纪60年代,日本学者西村肇在环境科学中引用了物理学中的电容概念,并且提出了环境容量这一概念。在这之后,由于全球人口数量增加、不可再生资源减少、人口和环境问题越来越严重化,环境容量这一概念也就应运而生。

(三)关于环境容量的两种观点

随着研究的不断深入,关于环境容量学者形成了两派截然相反的论点:一方秉持着"资源有限悲观论";另一方则抱以"技术进步乐观论"。接下来将详细介绍这两种观点。

第一种观点:资源有限悲观论。这种观点的中心思想认为,随着人口的不断增长,对环境资源的需求不断增大,逐渐会造成供不应求的状况。在未来,终有一天资源会因人类的需求而枯竭,而伴随着资源的枯竭,人类也终将灭亡。这一观点由来已久,最早的记载来源于马尔萨斯的《人口论》。作者通过此书主要表达的观念是,人口的数量虽然会受生活资源的限制,但也会与生活资料共同增长。然而双方增长的速度却无法达到和谐统一,人口的增长非常迅速,是以几倍的速度增加的,但是生活资料的增长速度却远逊色于人口。而这种不均衡造成了人口与生活资料之间越加明显的差异,最后,终将走入"马尔萨斯人口陷阱"。秉承着这一悲观论的学者认为,若想改变这一悲剧的发生,必须立刻采取行动,及时控制人口的数量,制定详细的计划,促使人口与资源之间达到某种平衡,只有这样才有可能避免人类灭绝的结局。

第二种观点:技术进步乐观论。这种观点的中心思想认为,即使人类在面对自然资源时存在着诸多困境,但是人们可以通过技术的开发来解决这种困境。他们认为即使在未来,人类经过漫长的发展,人口急剧增加,也不会达到极限的状态。地球是一个潜在资源非常丰富的星球,虽然人类对于各种资源的汲取会使人们在未来面临着相应的资源压力,但是人们面临压力的同时,市场自然会调动其特殊的力量推动科技的进步。在未来人们可能会发明资源节约技术、核心资源获取技术，或者发明资源代替技术，从源头解决这一问题。科技的进步是人无法想象的，现如今人们所达到的技术水平也是 300 年前的人们所无法预料的。同样地，未来的技术发展也不是我们现在可以料想的。因此，秉持着乐观论的学者们尤为注重经济的发展以及科技的进步。他们认为，经济的高速发展，能够带动科技的快速进步，从而能够帮助人类顺利跨过可能面对的资源难题。虽然两者的快速发展可能会为人类带来其他方面的问题，但是它们确实对解决资源问题起到至关重要的作用。

二、移民环境容量分析的原则与方法

（一）移民环境容量分析的原则

对于移民环境容量来说，它研究的最终目标是希望在移民妥善安置基础上带动安置区的经济进步；在保证生态环境不被破坏的基础上，实现生态环境治理；在确保移民与原住居民和谐共处、共同发展，一同为当地社会环境的和谐、经济实力的进步以及生态系统的保护共同努力的情况下，通过科学地资源开发，最终确定该安置区能够接受的移民数量。为了保证这一分析的客观性、合理性及科学性，在分析的过程中应该遵守以下几点原则。

（1）系统原则。移民环境容量的分析是为水库移民服务的，而从本质上来说，水库移民属于系统类工程，它具有与其他系统相同的属性，具体来说大致分为整体性、层次性、开放性等，但是除此之外，它还具备很多其他系统不具备的特性，例如它的目标比较多样化，发展呈现非均衡性，自身具有可开发性，等等。两者结合在一起才构成了完整的水库移民系统。以移民的整体性为例，最能体现移民整体性的就是移民的发展，若想更好地解决这个问题就不能仅从这个问题自身去思考，它不是一个独立的问题，而是一个关联到社会、经济、环境等多方面的问题，需要通过多方面的协调及配合。移民安置区内，经济发展与人口素质是相互促进的关系。经济进步、交通发达、科技先进，这些优势都会为安置区创造一个良好的外部环境，当移民进入到这个环境中，生活水平自然会发生变化，物质条件得到提高，人口素质自然也会有所进步。同样的道理，移民的素质得到提高就能够为安置区的发展做出更突出的贡献，直接推动安置区经济的发展，间接带动当地全方面的提升。

另外，再以移民的"适应性"为例，这主要体现在移民对于安置区自然环境及社会环境的适应。一方面，移民安置区为满足移民的生活需要，会在安置区现有的自然资源中进行合理的、适当的开发，以此支持移民的生产、生活活动。而对于移民来说，安置区的自然资源终究是较为陌生的，与原有的生产、生活相比，还是存在较大差异的，但移民要快速地适应当地的自然环境，快速恢复稳定的生活状态。另一方面，移民在刚刚进入安置区生活时，面对的社会环境是比较陌生的，他们适应当地的民俗、文化，要快速地融入当地的社会环境中，要脱离以前的舒适圈，重新建立社交圈。

（2）资源持续利用与生产持续发展原则。这项原则中主要涉及三方面内容，移民的持续安置、生产的持续发展、资源的持续利用，而三者之间是相互关联、层层支持的关系。若是没有资源的长期支持，生产的持续发展将无法实现，而一旦生产的发展出现停滞情况，那么移民的生活水平就得不到保障，移民的安置也将出现重大的危机。所以，归根结底，对于移民安置来说，最重要的是在开发的同时，强调有节制地开发资源、有规划地利用资源，将保护自然环境放在最重要的位置。

（3）定性、定量分析原则。在此，定性分析多指宏观层面的分析，包括整体的资源情况、当地的经济状况、技术发展的程度、社会结构、移民的特色等，大方向上的整体因素。而定量分析则更多的是指基于微观层面的分析，是结合移民的生活条件及生产需求，对每一个细化的指标进行详细的分析。在移民环境容量的分析中，从宏观的角度进行定性分析固然重要，但同时也要兼顾微观的定量分析。

（二）传统的移民环境容量度量方法分析

在以农业为主的发展中国家，尤其是我国，传统的移民环境容量分析一般是以人均耕地占有量或人均粮食占有量来度量的。

一是预测目标年安置区耕地数量；二是计算能容纳的移民数量。预测目标年安置区耕地数量按下列式（5-3）进行。计算能容纳移民数量，按式（5-4）进行。

$$C = B - J + K \tag{5-3}$$

式中，C 为目标年安置区耕地存量；B 为安置区现有耕地；J 为目标年耕地减少量，包括由水库淹没、移民迁建、其他建设占用、农业结构调整占用、自然灾害损毁等原因导致的耕地减少量；K 为耕地增量，包括由土地开发、土地整理、土地复垦等导致的耕地增加量。

$$R_1 = R - P = C/X - P \tag{5-4}$$

式中，R_1 为目标年安置区移民容量，R 为目标年安置区能够容纳的人口总量，P 为预测的目标年安置区人口总量（由现有人口数量及其自然增长率计算得出），C 为目标年安置区耕地存量，X 为目标年人均耕地占有量。从式（5-4）可以得知，若 $R_1>0$，可以安置移民；若 $R_1<0$，则不能接受移民迁入。

按人均占有粮食计算移民环境容量的方法与按人均占有耕地计算移民环境容量的方法类似，具体可按式（5-5）进行。

$$R_2 = R - P = (U/u) - P \qquad (5-5)$$

式中，R_2 为目标年安置区移民容量，R 为计算的安置区在目标年的人口承载力（为预测目标年安置区的粮食总产量与人均粮食占有量之比），P 为预测的目标年安置区人口总量（由现有人口数量及其自然增长率计算得出），U 为预测的目标年安置区粮食总产量，u 为人均粮食占有量。由公式可以得知，如果 $R_2>0$，可以安置移民；如果 $R_2<0$，则不能接受移民迁入。

在很长一段时间里，在分析移民环境容量时都是采用这种方法，而这种传统的方法确实有其优势，在使用时比较简单、实用，能够为其提供便利。但是，它本身还是存在着一定的问题及漏洞。第一，在传统的分析方法中，仅考虑了当地的土地资源及人均粮食，但是在移民安置中并不是没有其他安置方案。仅有农业安置这一种方案的，这种方法无法估计到选择农转非安置、兼业安置等选择其他安置方法的人。而且，即使默认所有人都实行农业安置，在分析移民容量时，也不能仅考虑农业资源，还要考虑与农业相挂钩的畜牧业、渔业、林业等产业，也应该被纳入考虑的范围。

第二，同为耕地，不同地区的质量也是存在差异的。例如，相较于平原，山区的耕地条件要相对较差一些，生产难度自然就提高很多。因此，在进行移民环境容量分析时，若将耕地生产的质量一概而论，是不严谨的。但是，若是想要实现真正的每块耕地都进行具体的质量检测，那也是不现实的，这是一项烦琐、浩大的工程。另外，移民每个人需要的耕地量也是不固定的，它受到诸多因素的影响，例如当地的技术条件、发展水平等。

第三，虽然有两种计算方式，但是从本质上来说，无论是按人均粮食为指标还是以人均耕地为指标，两者大同小异。其之间仅是形式上发生细微的改变，事实上，粮食产量与耕地面积之间是存在函数关系的。另外，在大部分地区，粮食指标并不能代表人口容量。

第四，很多地区在土地利用上，粮食所占据的比例不同。在很多情况下，人均耕地与粮食并不能说明当地的具体情况，它们既不是经济特征的反应，也不能体现土地利用结构。例如，在三峡水库的安置区，因为地理特征及经济环境的影响，大部分移民在种植时会选择柑橘或茶叶，并非种植粮食，而生产柑橘及茶叶这类特产的收入在移民的总收入中占据主导地位，且移民对于粮食的需求也是通过贩卖柑橘与茶叶而获得满足的。

通过上述分析，可以发现，在传统的移民环境容量分析中，将分析的重点放在了自然资源承受力上，而这种分析观念已经不适用于当下的经济环境了，也无法满足移民经济发展的需求。在当下市场经济占主导的大环境下，对于移民环境容量的定义发生了改变，它应该代表着在特定的环境中，将经济效益作为目标的人口容量。

三、可持续发展条件下的移民环境容量

（一）基本假设

移民环境容量并不是一个固定的数值，它是一种动态的、不断变化的指标。人口数量逐年递增，随着人口增长而产生的是对更多资源的需求，而伴随着人们生活水平的提高，人们对于生活质量的追求也在不断提高，对于资源也产生更大的需求。但是，地球的整体资源是有限的，大自然不是取之不尽、用之不竭的，可利用的资源逐渐减少，而人们利用资源的科技存在一定的局限性，两者之间存在着天然的矛盾。也正是这种矛盾的存在才产生了环境容量的问题。当有一天人口数量的增长达到一个恐怖的数字，远远超过了环境容量时，那么现在人口与资源及环境之间存在的平衡关系将会被破坏，环境必然会遭受创伤，经济与社会也会发生混乱，人们的生活将会偏离正常的轨道。正因为如此，为实现可持续发展，必须对能够影响特定区域、特定时间的环境容量的因素进行假设，并提前控制。

（1）人口增长。对于环境容量来说，最重要的影响因素就是人口增长。可持续代表着在时间上是没有上限的，是永恒的，这就代表着人口增长绝不能是无限的，它必须有所限制。一旦人口持续增长，没有限制，则对资源的需求也没有限制，但是资源的有限性无法支撑这样的索取。所以，在资源利用技术没有得到巨大的突破，不能够解决资源有限性的时期，人口的增长必须受到控制。在移民环境容量的研究中，为保证可持续性发展，必须规定出最大人口的上限。

(2) 生活水平。在人口总量一定的前提下,环境容量与生活水平成反比。生活水平越高,环境容量越小;反之,则越大。但生活水平本身也是一个动态概念,从发展趋势看生活水平总是不断提高的。因此,预期合理的生活水平是确定环境容量的关键指标之一。移民环境容量中的移民预期生活水平的确定,应该以移民在迁出地的现有生活水平及提高速率为基准,要求移民在安置区的生活水平达到或超过原有水平,并要求其以不低于当地非移民同期生活水平提高速率获得提高。

(3) 资源利用。中国作为世界人口大国,人口总量是非常庞大的。在衡量人口多少时耕地资源作为主要的影响因素,因为人的生存发展离不开粮食,耕地也是人生存的主要供应源。但是耕地的数量是有限的,耕地还是一种不可再生的资源。随着经济的不断发展,人口的总量也在不断增加,从而导致耕地的数量急剧下降。其实人口和耕地之间存在反比例的关系,人口减少,耕地增加,反之也是同样的道理。这时只能在单位耕地的生产力上增加其产量,来补充因人口增加而缺失的部分。相关世界银行的经济学家也提出:社会中的任何资源要想做到可持续发展,就要做到社会可再生资源的使用速度,不可以超过其更新的速度,否则很有可能造成社会可再生资源的枯竭。还有社会中不可再生资源的使用速度,不能超过可再生资源和不可再生资源中替代品的发展速度,如果对不可再生资源进行过分利用,那么后果也是不堪设想的。所以,在对移民环境容量进行分析与研究时,假如科技进步使得土地的产量也会增加,那么再考虑耕地资源对人们产生的有利影响。

(4) 为了可以对水库移民中移民环境容量进行确定,先不考虑移民带给原来居民生活水平的任何负面影响。因为移民在迁入安置区时肯定会影响安置区中原来居民的生活质量。这时,就要假设移民带来的正面影响会抵消其带来的负面影响,这样在探讨过程中就不影响安置区的发展潜力。

(二) 可持续发展条件下的移民环境容量模型

移民环境的容量是本着可持续发展的原则,对其进行研究与分析。在此基础上,笔者为读者介绍了一个衡量可持续发展的移民环境容量模型,可以将它称为P-E-R模型。这个模型与传统的衡量移民的环境容量是有区别的,它虽然也是按人均的标准来衡量环境容量,但是它主要目的是实现移民和安置区之间的可持续发展。P-E-R模型在努力建设评估人口经济容量系数和人口资源承载力系数这两个问题上花费了大量的心思,并将研究中的问题分别进行组合,以达到合理评估安置区的环境容量。这种模型的评价方法是正确的,还有一些移民环境容量理论也证明了用人均的指标将其度量是最为科学的方法。

在 P-E-R 模型中，我们以 PP 表示现实的人口数量，ES 表示社会经济技术人口容量，RE 表示自然资源人口容量。其中，社会经济技术人口容量为经济发展指标总量（用 GDP 表示）与一定标准下的人均经济指标（用 gdp 表示）的比值，如式（5-6）所示；自然资源人口容量为自然资源拥有总量（用 RS 表示）与一定标准下的人均资源占有量（用 rs 表示）之比，如式（5-7）所示。

$$ES = GDP/gdp \tag{5-6}$$

$$RE = RS/rs \tag{5-7}$$

则安置区人口经济容量系数（用 r_1 表示）为现实的人口数量与社会经济技术人口容量的比值，如式（5-8）所示；人口资源承载力系数（用 r_2 表示）为现实的人口数量与自然资源人口容量的比值，如式（5-9）所示。

$$r_1 = \frac{PP}{ES} = \frac{PP}{GDP/gdp} \tag{5-8}$$

$$r_2 = \frac{PP}{RS} = \frac{PP}{RS/rs} \tag{5-9}$$

当用人口经济容量系数和人口资源承载力系数两个指标共同考察水库移民安置区环境容量时，可以发现安置区的环境容量必然处于以下几种情况中的某一类。

(1) 当 $r_1 < 1$，$r_2 < 1$ 时，表示安置区环境容量相对富余。

(2) 当 $r_1 = 1$，$x_2 = 1$ 时，表示安置区环境容量处于临界状态。

(3) 当 $x_1 > 1$，$r_2 > 1$ 时，表示安置区环境容量不足。

(4) 当 $r_1 < 1$，$r_2 > 1$ 时，表示安置区社会经济技术人口容量富余，而自然资源人口容量不足。

(5) 当 $r_1 > 1$，$r_2 < 1$ 时，表示安置区社会经济技术人口容量不足，而自然资源人口容量富余。

在衡量区域综合环境容量时，可以采用两个指标的加权平均值来评价。当 $(x_1 + x_2)$ 的加权平均值小于等于 1 时，即认为安置区的环境容量处于可持续承载状态。值得一提的是，当安置区的综合环境容量处于可持续承载状态，但处于社会经济技术人口容量或自然资源人口容量中的某一指标存在不足的情况下，移民环境容量影响因素中的"短板效应"仍然存在。因此，在实际工作中应该对该"短板因素"作重点分析和改进。

第三节　水库移民安置区域抉择方法

在水库移民安置工作中，选择移民安置区域是移民环节中重要的一部分。但是影响选择移民安置区的因素是很多的，比如这个民族的特点、资金的投入和居民的生活习惯；还有安置区的一些因素也成为水库移民要考虑的，比如安置区的经济情况，资源状况、自然生态是否平衡和这个地区的人口容量等。如果只是片面地考虑移民安置区的位置应该选在哪里，这种决策是不科学的，而且移民在成功安置后可能会出现一系列的问题，所以应该考虑以上所有因素，从而为居民选择合适的安置区。移民安置区的选择是一件大事，移民安置区的选择正确与否会影响到移民安置规划的设计，还会对移民在安置后的经济水平造成影响。进行移民的目的是要将移民妥善安排好，绝不能降低移民的生活水平，这个是以移民之前的生活标准做衡量，如果居民的生活水平并没有降低，那就要使其生活质量可以逐渐提高。这种妥善安排是安置区有适宜的生存环境、充分的就业机会以保证移民有稳定的收入来源，并且可以使移民与安置区的居民共同发展。

面对移民安置区中的问题，要对其进行可行性研究。这种研究一般要对安置区中的一切进行规划与设计，从而对城镇以及专业项目提出要拆迁的方案。可行性研究是为了证明移民选择这个安置区是正确的，并且有发展前途的。针对水库移民中需要安置的目标和原则，对安置区实行这种可行性研究是必要的。可行性研究在进行时，需要完成以下六项工作。

（1）许多移民工作的开展，针对对象不同，那么移民策略也就不同。对于农村移民中的安置情况，需要将农村居民安排成一个一个的小组，尽快落实移民的安置地点和整理出移民的安置方案。对移民过程中有保障的事项都列出来，并且保证移民的安置人数。

（2）有的地区会面临淹没的灾害，这要按照规定对其进行处理，并且对淹没的影响范围和造成的损失逐一排查，确定淹没区的人口数量。

（3）提前计算出地区的增长人口是多少，并且可以根据移民迁出库区的年份，确定出迁移的人数。

（4）移民在进行迁移之前，政府的相关政策会提出移民的具体迁移方向，这是可以做一些准备工作的，比如了解安置区的经济、自然状况，对经济发展规划等资料收集与整理。

（5）移民在进行安置的过程中，需要确定安置的标准，这时就要对淹没区的居民生活标准和安置区的居民生活标准进行分析与探讨。

（6）安置区是移民要前往的地区，那么就要对这个地区的环境容量及人口容量进行研究，以便知道它可接受的人口数量。

水库移民的安置区选择方案很多，在可行性研究阶段进行选择，也会提供给我们很多的安置区，此时要使用各种评价方法，对其进行综合评价，选择出一个最适宜移民发展的方案，并准备一个较优的方案以备不时之需。以下是在移民方案选择中常用的三种方法。

一、方案比较法

（一）方案比较法的操作步骤

（1）对各方案进行投入—产出分析。对各方案进行投入—产出分析的目的在于预测移民安置后的生活水平并进行总体评价。对移民安置后的生活水平进行评价时，一般采用以下几种指标：

1）农村社会总产值及其发展速度。农村社会总产值是反映移民经济发展的总量指标。农村社会总产值及其发展速度在总体上可以反映移民经济与非移民经济发展水平的绝对差别和相对差别。

2）人均国民收入。国民收入（净产值）除去了生产过程中的物化劳动消耗，它较好地反映了水库移民的投入与产出的关系。

3）人口、耕地、粮食生产的变化。农村移民应以土地为依托，保证最低限度基本农田，逐步调整产业结构。所谓最低限度基本农田，一般指口粮自给所需的耕地面积。

4）农村、集镇居民生活设施和专项设施的改善情况。按照《水利水电淹没处理设计规范》的要求对农村、集镇居民生活设施、专项设施均按原有规模和标准予以恢复重建。

5）提高森林覆盖率，减少水土流失。移民安置应将水土保持和改善生态环境结合起来，要努力提高森林覆盖率，减少水土流失。

6）移民安置对老居民的经济影响。如果村内土地资源容纳不下移民则转移到第二、第三产业安置，或者为了满足移民的需要，就必须进行土地调节，主要措施包括对老居民占有的荒地采取一次性征用，同时付征地费用。

（2）比较项目的决定与分析。选择有典型性、可比性及代表性的若干项目，作为对各方案进行比较的基准。在对移民安置区方案比较时应选择以下几个比较项目：投入产出、环境容量、自然资源、经济发展规划等。在对项目进行比较时可以选择以下几种评价指标。

1）投资收益率。投资收益率是最简单实用的评价指标，其计算公式为：

$$ROE = R/C \tag{5-10}$$

式中，ROE 为投资收益率，R 为年净收益，等于经营正常年份现金流入减去现金流出，C 为移民项目总投资。根据计算结果做出判断，如果 ROE 大于社会平均投资收益率，则该投资方案可行，否则不可行。

2）经济净现值。经济净现值，即净效益总现值，其计算公式为：

$$ENPV = \sum_{t=0}^{n} (CI-CO)_t (1+i_0)^{-t} \tag{5-11}$$

式中，CI 表示现金流入，CO 表示现金流出，$(CI-CO)_t$ 表示项目第 t 年的净现金流，n 表示投资回收期，i 表示贴现率。当经济净现值 $ENPV>0$，投资项目合理可行；反之，若小于 0，则不可行。选择方案时，应选择经济净现值大的方案。

3）投资回收期。投资回收期也是常用的财务评价指标，其计算公式为：

$$IRP = T - 1 + \frac{|(CI-CO)_{T-1}|}{(CI-CO)_T} \tag{5-12}$$

式中，IRP 为投资回收期，T 为项目各年累积净现金流首次为正值的年份，$|(CI-CO)_{T-1}|$ 为第 $T-1$ 年累积净现金流量的绝对值，$(CI-CO)_T$ 为项目第 T 年的净现金流。将计算出的投资回收期与国家规定的不同行业的基准投资回收期进行比较，如果 T 小于行业基准投资回收期，则项目在财务上是可行的，否则不可行。

4）经济内部收益率。经济内部收益率是指水库移民安置后净效益现值为 0 的折算率，其计算公式为：

$$\sum_{t=0}^{n} (CI-CO)_t \times (1+EIRR)^{-t} = 0 \tag{5-13}$$

式中，$EIRR$ 为经济内部收益率，即使项目寿命期内各年净现金流现值之和为零时的折现率，$(CI-CO)_t$ 为项目第 t 年的净现金流。假定 i_0 为基准折现率，

一般而言 $EIRR \geq i_0$，则项目在财务上可行；$EIRR < i_0$，则项目在财务上不可行。在评价比较移民方案时，一般可采用差额投资内部收益率法。差额投资内部收益率 $\Delta EIRR$ 大于或等于社会基准折现率时，投资大的方案优。$\Delta EIRR$ 小于社会基准折现率时，投资大的方案差。

（3）确定各比较项目的权重。由于各项目的重要性程度不同，故必须赋予不同的权重。一般可采用投票打分或强制性打分法得到各项目的权重。

（4）确定最优方案。对各方案的相应评价项目打分，并计算总分。然后对各个方案的总分进行排序，得分最高者为最佳选择方案，得分次高者为次优方案。

（二）方案比较法的优缺点及其适用范围

方案比较法是通过方案之间进行比较与分析得出安置移民的方案。这种方法优点是不同于以往的传统方法，即根据主观意识或者主观经验对其进行分析和比较，它是根据分析从而加入自己的意见，这样增加了决策的科学性。比较简单，容易操作，在实际中可供使用的性质很强。任何事物都有两面性，要辩证地看待。方案比较法的缺点是，在最初制定方案并进行筛选的过程中，筛选的人会根据自身的意愿进行选择，所以具有一定的主观性，这种主观性可能会对选择移民安置区造成影响，从而影响安置区选择的合理性。另外，各个方案在进行比较时，最直观的是看出经济效益的变化，而对不在经济成本中的投入和产出都没办法具体计算。方案比较法的适用范围是安置区的情况较为复杂、安置区域较多的地区。这种比较方法是根据专家提供的合理指标进行分析，其约束条件是每个区域的环境容量、搬迁费用和人均安置费用等，然后由专业人员对项目进行评分，得出最佳方案。

二、头脑风暴法

它是水库移民安置区在选择时的另外一种方法。头脑风暴法的概念是召开专家座谈会的形式，使专家提出自己的意见，专家解释完过去的资料，再对未来的情况进行分析，然后将它们进行有条理、有组织的整理，最后由策划编辑人员整理到一起，做出一个结论，在这个过程中还可以找出研究问题的错误所在，然后面对错误的问题提出解决的方法以及见解。也就是经过一层又一层的严格把关才得出的方法。头脑风暴法又称为集体思考法或者智力激励法，是在 1939 年由奥斯本提出的，最终在 1963 年将此方法完善。

第五章　水库移民安置的区域抉择

（一）头脑风暴法在选择移民安置区域中的应用

移民安置区的选择可以由多方面的讨论与研究共同完成，可以把可行性研究的方案向专家说明，然后表达出自己的想法。但是专家要从以下五方面对其进行评价与分析。

（1）移民在迁移之后，安置区是否可以为其带来稳定的经济效益，居民的生活水平是否可以得到提高，能否保证每个人都可以分得一份土地，移民的基础设施和生活环境是否可以在原来的基础上得到提高和改善。

（2）安置区的环境容量是否可以供移民人员居住，移民安置区的环境是否可以与移民的生活习惯、生活特点等互相融合。

（3）安置区的经济条件以及安置区的经济现状决定了水库移民的就业能否被安置。

（4）安置区的选择要十分恰当，因为水库移民在搬迁后要适应当地的生活习惯和风俗特点，若做到与安置区的居民之间可以和谐相处那会是很不错的。

（5）水库移民在搬迁时肯定会产生一定的成本和费用，这时要对其成本和效益进行总结分析。

头脑风暴法的会议在召开时，所需要的专家人数应该是 5~12 人，人数的选择很重要，如果人数较多，那么开销及其成本也会偏多。这个会议中需要的专家地位应该相差不多，这样有利于大家一起展开发散思维进行思考，而不会产生只有具有权力的人讲话，导致权威效应的产生。开会的时间也不应该过长，如果开会的时间过长，那么讨论的内容也会容易偏离主题要讨论的方案，如果开会的时间较短，那么不容易把握事情的主题思想。组织头脑风暴会议召开的策划者要具有较强的能力，从而引导这次会议的完成。重要的是这位策划者还要会调节会议中的气氛，调动大家的积极性，可以掌握案件的关键内容，从而挖掘出专家们深层次的想法。

（二）头脑风暴法的优缺点及其适用范围

水库移民在选择安置区时要使用头脑风暴法，这种方法也是辩证存在的。它的缺点有两方面，一方面，由于资金的限制，邀请的专家人数不能太多，所以在讨论时的思想方法就会受到限制，还会因为挑选专家的不恰当，而导致选择的失败。另一方面，有的专家在自己所从事的领域具有一定的影响，为了自身的荣誉，不会表现出与大众观点相异的想法。头脑风暴法的优点是可以广泛收集信息并对其进行创新，使得大家可以在众多的思想中，表达出自己的观点，从而真正地在大脑中掀起思考的浪潮，众多的思想方法还可以开发策划人的思维模式，使其思路打开，整理出更加优秀的移民安置方案。综合上述的优缺点来看，在备选的移民安置区域中条件相当时，比较适用头脑风暴法。

三、模糊聚类分析法

在我们相处的大环境中，环境容量的大小与所处社会的经济因素和环境因素以及自然资源等因素是密不可分的，因为所有的事物发展之间都是存在关联的，并不是独立地存在于社会之中，也不可能作为一个单独的个体而生存发展下去。移民安置区的环境容量也具有相同的道理。在移民搬迁进入安置区后，一定会对当地的经济、环境和人口等产生影响。但是为了避免差距太大，移民安置区应该做到与安置区的社会效益、环境效益和经济效益相统一，只有三者协调发展才可以将移民安置问题落实。其中模糊聚类分析法就是一种可取的办法。

（一）模糊聚类分析法的操作步骤

（1）确定移民安置区评价指标集，将所有指标分成 s 个子集，记为 U_1，U_2，$\cdots$，U_s，$i=1, 2, \cdots, s$，并满足条件 $U = \{U_1, U_2, \cdots, U_s\}$，$U_i \cap U_j = \phi$ $(i \neq j)$，每个子集 U_i 又可由它的下一级评价指标子集 X_{ini} 来评价，即可表示为 $U_i = \{X_{i11}, X_{i22}, \cdots, X_{ini}\}$，$i=1, 2, \cdots, s$，其中，$n = \sum_{i=1}^{s} n_i$，$n$ 表示 U 中所有的元素个数，n_i 表示 U_i 的元素个数。

（2）做出所有安置区指标的评语集，为方便起见，统一规定为：$V = \{y_1, y_2, \cdots, y_m\}$。

（3）对每一个安置区评价指标 U 进行单指标评价，得出单指标评价矩阵 $R_i = (r_{ij}, k)$ $n_i \cdot m$，其中 $i = 1, 2, \cdots, s$；$j = 1, 2, \cdots, n$；$k = 1, 2, \cdots, m$。其中，r_{ij}，k 表示指标 x_{ij} 对评语 y_k 的隶属度。进行综合评价时，可以根据实际意义确定单指标评价矩阵 R，在此本书采用评标过程中比较容易的一种方法，即专家评分法。具体过程是：每位专家针对评语给每项指标打分，打分范围在区间 [0~1]。例如，每位专家给 x 项指标打分时，应满足 $\sum_{k=1}^{m} y_k = 1$。打完分后对每项指标在每项评语下的得分分别取平均值，得出最终得分，并以其作为对应的隶属度。

第五章 水库移民安置的区域抉择

(4) 给出 U_i 中各评价指标的权重，$A_i = \{a_{i11}, a_{i22}, \cdots, a_{ini}\}$，应有 $\sum_{k=1}^{n_i} y_k = 1$。权重系数的确定很重要，它直接影响着最终的评价结果，常见的确定权重的方法很多，如三元对比函数法、层次分析法等。但是权重的确定是一个不断比较综合的过程，评价权重的确定充满着主观因素，所以在此根据移民安置区选择的特殊性，采用具体安置区选择方案与专家经验相结合的方法，由各评委打分综合决定。具体实施时可由评标单位召集专家，根据项目特点，采用德尔菲（Delphi）法进行，实际应用中权重的设定一般与评价指标体系的划分同时进行。

(5) 得出 U_i 的最终评语：$B_i = A_i \cdot R_i = (b_{i1}, b_{i2}, \cdots, b_{im})$，$i = 1, 2, \cdots, s$。其中 k 的确定十分重要。由于影响评标结果的因素很多，为了避免丢失有价值的信息，真正做到客观公正，应综合考虑各种指标因素的影响，因此建议采用加权平均法。

(6) 将 U 视为一个单独元素，用 $B1$ 作为 U_1 的单指标评价向量，可构成 U 到 V 的模糊评价矩阵：

$$R = \begin{Bmatrix} B1 \\ B2 \\ M \\ BI \end{Bmatrix} = \begin{Bmatrix} b11 & b12 & \cdots & b1m \\ b21 & b22 & \cdots & b2m \\ \cdots & \cdots & \cdots & \cdots \\ bi1 & bi2 & \cdots & bim \end{Bmatrix} \tag{5-14}$$

按照 U_i 在 U 中的重要程度给出权重，$A = (a_1, a_2, \cdots, a_s)$，于是得出 U 的最终评语向量，$B = A \cdot R = (b_1, b_2, \cdots, b_m)$。按照最大隶属度原则，据此可以得出每个安置区的一个总体评价。

(7) 对多个方案的评价。评定安置区的目的不仅要给每个安置区一个综合评价，更重要的是最终选择出最优安置区，所以要对多个安置区的评价结果进行综合排序，选出最优安置区。由于评语集 $V = \{y_1, y_2, \cdots, y_m\}$ 给出的是一些定性值，不便于直接比较各安置区的优劣，为方便比较，可按经验给 y_1, y_2, $\cdots$, y_m 规定一系列对应的值。假设共有 t 个安置区可供选择，则其中第 p 个安置区的最后综合评分为：

$$W_p = \sum_{k=1}^{m} b_{pk} y_k \quad (p = 1, 2, \cdots, t) \tag{5-15}$$

式中，b_{pk} 为第 p 个安置区的第 k 项评语的最终综合得分。最后取 $W_L = \max(W_1, W_2, \cdots, W_t)$，即认为第 L 个安置区为最优安置区。

(二) 模糊聚类分析法的优缺点及其适用范围

模糊聚类分析法的缺点是计算过程非常复杂，其工作量也非常庞大。但是这种方法也是具有优点的，它对于移民安置区域选择的过程是科学合理的，并不是建立在主观意识之上的。它可以将水库移民安置区中的经济、环境、文化、资源和社会等因素综合考量在内，并且可以将这些因素综合分析，可以把这些方面中的因素通过细化指标来进行量化。这种方法多用于有科学家指导，并且评价指标比较多的情况。

第六章 水库移民经济投融资体制创新

水库移民问题是发展中面临的大问题,虽然在移民过程中对安置区的选择很重要,但是影响移民经济发展的主要因素是投融资。在移民发展中资金投入的多少会对移民经济发展产生影响,可以将水库移民比作鱼,那么资本就是水。但是水库移民经济在投资过程中也是存在很多问题的。比如,投资时的人员较少,导致结构不合理;在移民后期对需要补偿移民的资金成本较低,导致资金的使用效率低;虽然有资金的投入,但是在管理中监督体制不健全,资金的管理效率低;对于移民资金没有好好规划管理,使得投资时盈利的较少。这些投资因素都会对移民经济发展产生影响。本章就是对这些问题的综合分析,以便水库移民工作可以顺利进行。首先对影响水库移民经济投融资的因素作了具体分析;其次寻找了水库移民经济投融资中的解决机制;最后对水库移民经济投融资的制度进行创新与调整。

第一节 水库移民经济的投融资因素分析

一、水库移民经济投融资现状

在水库移民的问题中,往往对工程的实施比较注重,而忽视了对移民问题的安排,使得水库移民经济的投融资地位一直不高。它表现在三个方面:一是水库移民经济的投融资渠道太过单一,如果各方面的资金没有及时到位,那么就会影响后期的发展。从投融资的构成上看,渠道有以下四种:第一,拟建工程是设计单位给的配合费用；第二，在建工程是业主根据大概的估算支付的移民经费；第三，已建工程是从收取的电价利益中拿出的基金；第四，是政府或者世界银行的拨款支持。二是对于出现的淹没问题，国家不是帮助移民重置资产，而是实行"三原"的补偿性原则。三是面对水库移民的问题，国家并没有按照市场原则对移民进行赔偿，而是前期补偿、后期扶持，这种补偿政策是不合理的，居民损失的也会更多，这样居民就会产生不公平的心理。

二、水库移民经济投融资问题及成因

（一）融资渠道单一，融资结构不合理

随着我国社会主义市场经济的不断发展，科学技术的不断创新，水库移民经济发展中的投融资问题越加明显，水库移民中市场化程度逐渐增强，导致政府对于移民投资的比例逐渐下降，所以政府在水库移民中的作用和可以行使的职权也越来越少，这时单一的融资渠道解决不了水库移民问题，所以要建立起多元化的融资渠道。但是，在融资体制发展的过程中会发现，有很多因素都可以制约其发展，正是因为这些阻碍因素，使得水库移民呈现"融资渠道单一，融资结构不合理"的情况。这些问题是需要我们在实践中慢慢解决的：

（1）存在一些观念上的误区。有些观点直接影响吸收民间资本、外商投资和信贷资金，从而导致投融资的渠道变得单一。这些观点主要有"库区的贫困都是由政府投资不够，或者监督不力引起的，与其他人员无关""投资的主体被人们看得太重，单一地认为投资主体只能是移民机构，而其他机构的责任不重要""国家制定的税费政策不被人们接受，认为应该由政府支付，人们支付税费资金只会加重生活负担""移民的素质低、科技文化水平落后、项目进行投资后无法收到预期的成效"等。面对水库移民经济发展投融资中的这些问题，应该做的是对库区的投资体制多加宣传，做好投资主体的工作，进行适当的引导和协调，针对社会扶贫的工作应该予以重视，对水库移民中的投融资仔细研究，对于信贷工作中不周到的地方要多加指导，还要加强库区领导对多元投资建设的意识。与此同时，还要适应形势多变的时局，建立起多元化和社会化的库区融资体系，转变原来库区建设的古板思想，树立新库区的建设意识和发展思想。

（2）移民机构工作重心存在一定的偏差。对于移民工作的掌握，要熟知移民工作的发展重心应该是什么，不能任由其发展而不规划工作重心，这将会影响水库移民的发展。截至目前的情况来看，移民工作的发展重心在于管理专项资金

的使用，对于争取世界银行贷款或者向政府求助的情况还是很少的，在解决移民遗留的问题，以及帮助库区的居民走向发展致富的道路上更多的依靠自己的力量，对相关部门的资金管理缺少统筹协调的能力，对于信贷资金的获取也不会利用融资的手段。在多元化移民经济投资体系建立的今天，移民工作的重心应该是做到统筹兼顾、可持续发展。其中统筹兼顾是指可以将各方面的资金以及争取到的引用资金进行合理的分配，实现移民工作机构的职能转变，使移民机构的具体工作实现质的飞跃，主要从原来的管理项目转变成协调各个部门之间的经济发展，完善相应的法律法规以及相关政策，可以以融资的形式组织一些信用投资。与此同时，优化投资中的环境。

(3) 投资环境差，难以吸收民间投资。针对移民项目中的投资环境问题和为了水库移民经济的发展吸收民间投资的问题将会是本书要进行探讨的主要话题。由于库区一般位于山区，或者经济落后、交通不发达的地方。所以库区投资环境差主要有以下四种原因：一是库区的原有基础相对薄弱，并且缺乏投资的条件；二是国家政策没有对非公有制经济进行开放，使其快速发展，只是对国民经济的发展比较看重，它的发展还处在竞争性强的领域；三是对于市场准入和土地批租等方面，非公有制经济并不处于有利的地位，国家也没有给予相应的待遇，更没有对非公有制中员工的合法权益有所保障；四是民营经济在发展的过程中，国家并没有制定相关的政策和法规。有些企业甚至还出现乱收费、乱罚款的情况，这应该是坚决杜绝的。民营经济的发展效率不低于国有经济的发展，民营经济对整体经济的贡献也是非常大的，它还很好地解决了人民的就业问题，所以应该为了国民经济更好的发展，制定出相关政策、扩大民间投资。

(4) 政策作用不到位。移民经济投资体系建立的过程中不仅需要资金的支持，还需要政策方面的支持，而有时政策支持力度不够也会影响移民经济的发展。其支持力度不够主要表现在以下三个方面：一是税收政策方面。灵活的税收政策可以对库区的经营活动起到鼓励的作用，还可以促进产业结构的调整，而死板的税收政策会限制库区经济的发展。一个好的税收政策可以充分调动库区发展中投资主体的积极性。特别是针对外来的资金投资以及库区移民，没有给予相应的政策扶持，也没有实行低税率和零税率的政策来鼓励其发展，面对不利于库区经济发展的生产活动没有及时制止，也没有通过征收较高的利率来繁荣库区的经济。二是引进外资政策方面。并没有建立有利于外资经济发展的政策，这使得外资企业进入库区的规模较少，许多外资企业无法进入库区，库区的经济发展也没办法吸引外资企业的投资，这会损失一部分资金。三是金融政策方面。没有足够完善的金融政策，使金融机构可以加大对库区经济的投入，金融机构的投入也有利于建立起完善的金融体系，有利于金融政策的完善。在我国进入市场化经济改革的过程中，各个金融机构开始逐渐转变成商业机构，这也就表明了政府没有任何干预金融机构的权利，而是由其自身承担亏损或盈利。所以，政府相关部门应该颁布金融政策，以便于金融机构中的资金可以流入库区中。综合上述的所有问题可以得出，为了适应社会主义市场经济的发展，建立起多元化的融资体制，应该尽早出台一些经济政策，从而调整库区中的利益关系以及具体分配问题，也可以产生相应的利益驱动机制，从而使得库区内的居民可以参与到库区经济建设中来，充分调动起移民的积极性。

（二）资金补偿补助标准偏低，资金使用效率低下

《中华人民共和国土地管理法》第四十七条有明确的规定，国家在征收居民土地时的补偿标准应该是这块土地在3年前平均产值的30倍。但是由于国家财力物力的资源有限，与此同时也为了降低业主的投资成本等原因使得水库移民的淹没损失程度较大，在土地法中有明确规定，大中小型水利水电工程建设在征收土地时的补偿费用标准只适用于《大中型水利水电工程建设征地补偿和移民安置条例》，这个条例规定了在对征收水库移民的土地进行补偿时，其最高补助标准为20倍，可见此标准明显低于其他行业的补偿标准。所以，政府对移民的补偿标准一直以来都是比较低的，这种标准的出现是在市场经济和计划经济实施之后而产生的。

面对水库移民项目中的问题，每个人都希望可以将自己的利益最大化。所以，业主、政府和个人之间容易产生分歧，对于补偿标准的认识也不相同。政府在水库移民建设中，当补偿金额得到了确定，他们比较关注基础设施建设，因为这是对其形象展现的体现，所以有时会挤占个人的补偿资金。个人则希望可以补偿得多一些。业主为了投资后可以取得更大的收益，会在各个环节降低支出，对于移民补偿的标准，还是希望低一些更好。

在补偿中面临的问题还是比较多的，比如虽然都是补偿相同的一件物品，但是在城乡之间、公私之间和工商之间的补偿差距还是很大的。例如，三峡水库中的移民，对于补偿住房，中央企业的补偿标准是百年一遇的洪水才会得到补偿，而三峡中的洪水遇到单位是20年；在县城的砖混住房中，1993年5月工矿企业的补偿标准是每平方米350元左右，而同样的平米数，机关单位的补偿则是每平

第六章 水库移民经济投融资体制创新

方米310元,城镇比机关单位的标准还低,大约246元,其中最低的是农村,仅仅只有15元。农村移民永远是水库移民中的弱势群体,有关单位总是将农民的补偿标准设到最低,审查单位将移民中的投资尽量压缩,这都是导致水库移民中农村的补偿标准偏低的因素。还有比较鲜明的案例,在有关报告中提出,农民的耕地年亩产值采用定购粮和议价粮各占1/5的标准计算,而审查意见却全按照定价收购的价格计算。这些纯属于人为因素造成的差距,这样不符合市场的发展规律,也不符合当代的制度,更对农民经济的发展不利,会挫伤农民的生产积极性,给移民发展带来影响。由此也表明,补偿标准的低下与人为因素有很大的关系。移民的搬迁工作还会波及城镇、农村和环境等方面。在通常移民的计算中,设计单位会受到三方面的影响,一是我国实行的计划经济,这种制度是防止国有财产的流失。二是政府在移民后注重对安置区基础设施的建设,但是这种赔偿标准是"原标准、原规模、原功能",这时政府会按照移民在淹没区的基础设施进行原价赔偿,政府并没有考虑到安置区的经济情况和地理位置,一般安置区会比淹没区的经济发达,所以基础设施的建设就需要更多的资金,这时赔偿标准就会偏低。三是部门之间会帮助说话,比如交通行业等专业设施由主管部门呼吁。这些人为因素的干预都会导致重城镇、轻农村,重单位、轻居民私房建设的现象产生。

在三峡工程实施的报告中,明确地指出了三峡移民有1000多名应该搬迁的位置是"后靠",意思是将迁移的地点安排在村后边的山上。但是在搬迁的过程中,由于搬迁进程以及搬迁的质量存在问题,导致很多的移民产生了不满的情绪。这时上级政府下达了新的指示,要求移民全部向外迁移。地方移民局只能遵循其指示,同时又认为这种精神是可以积极执行的,移民又热情饱满,所以移民局花费很多资金将移民外迁,这时造成了移民经费严重缺少。综合上文和以上案例进行分析,造成移民补偿资金不足的原因有很多。与此同时,还有很多因素也导致了移民资金使用效率的降低。对于这一问题,主要有以下两方面:一是移民主管部门在进行水库移民工作时调研不够充分,并且在得出结论时没有论证与分析,没有建立与完善资金管理制度,并且缺乏合理有效的监督机制;二是移民工作者的素质低下,执行任务的能力不足。

在移民资金补偿的使用方面,有的移民盲目提高自己的住房标准,在拿原来的补偿资金建立新房时,不仅将政府的补贴和自己的积蓄全部花光,甚至不惜借外债来使自己住上好的房子。有的移民还因为感觉自己手里有资金,然后享受一些优惠政策，就不做长远打算。这样的投资模式不利于增加生产投资的效益，因为移民将补偿资金和自己存的资金都消费了，而在移民得到补偿资金后也没有将其存进银行，使得移民以后的生活水平下降。这都是从移民角度进行的分析，得出移民的资金使用效率低是因为没有合理安排消费和积累的关系，库区的经济发展水平相对落后，移民的自身素质不高，没有为长远的利益做打算，只看重眼前的利益。所以，在以后的水库移民中，应该让移民树立正确的建房意识，提高他们的抗风险能力和资金理财能力，避免出现虽然住在好的房子中，生活水平却急剧下降的情况。这样做也有利于将移民手中的资金用于生产建设方面。

（三）移民资金规划不合理，投资项目盈利能力不佳

移民资金分配不合理的原因是，相关单位在水库移民补偿中重视城镇而轻视农村，结果对于农村淹没土地的价值处理是赔偿较低，这种做法直接导致了移民补偿中的资金不能够使移民恢复原来的经济生活水平，甚至出现生活生产水平落后的情况。移民资金规划不合理还表现在各类安置移民计划中的分配情况不够合理。以三峡工程这个例子作为参考，当时政府拨去了400亿元的资金作为移民安置费用，这个资金量是不少的，但是由于移民资金在各类移民安置计划中的分配不合理，造成了农村移民安置不得当，甚至出现严重的损失。只给农村移民分配了68.88亿的资金，这个比例在政府拨款的总额中是很少的。所以，为了农村移民可以得到充分的补偿资金，就应该做到合理规划移民资金的比例与配置，与此同时，提高农村移民的土地补偿费用，这样有利于农村经济状况的恢复，使农村移民的生活水平得到提高。

有些大型项目，比如交通道路、乡镇建设等，工程实施起来的规模远远超出了预算的规划设计。有些工程在实施的过程中，占用了农村移民的补偿资金，还有的项目由于自身资金缺乏导致工程实施起来比较困难，这使得专项工程实施管理都很费力气；有些工程的实施会对整个移民工程造成影响，比如乡镇在进行基础设施建设时，占用了很多的生产补偿资金，这种举措对于生产开发是不利的，甚至导致移民项目中生产开发的资金链断裂。这些情况的产生是由于移民专项费用或者安置补助费用在移民工程实施时的总体预算超出了国家审批预算。

经过实践证明以及相关调查研究，移民资金是十分有限的，如果用移民资金来解决所有的问题，这大概是不现实的。导致移民资金规划不合理的因素有很多，主要是地方政府在组织移民建设的过程中，只是简单地追求形象建设；想要搞好基础设施的建设，却没有根据移民的实际情况出发，也没有考量安置地的综

合影响因素；无故地扩大规模，提高建设标准。这些做法都是不明智的。有的政府官员还不按照规矩办事，情绪也不稳定。

20世纪80年代，全国乡镇企业的发展呈现一片蒸蒸日上的景象，三峡库区由于吸收了移民资金，所以兴办起了很多工厂，这样使得许多移民有了稳定的工作场所，经济收入也得以保障。但是随着库区的搬迁以及房屋的拆迁导致水库区的很多工厂都出现了供求关系不平衡，从而越来越多的工厂面临倒闭的危机。移民也面临着工作岗位丢失，这时政府以及相关部门就要做好安置移民的工作，因此政府的压力也就变大了。此外，这些小型的工厂在运作的过程中，并没有采取任何措施，也没有保护环境的意识，直接向大自然排放废气和废物，这不仅严重污染了库区的环境，也对自然环境造成了一定的破坏。后来，国家颁布了相应的法律法规，这些小型工厂在1997年全部倒闭，移民也纷纷面临失业。综合三峡水库的工厂建设来说，移民资金规划的不合理，导致移民资金的投资使用效率也下降。特别是在日益竞争的经济社会中，面临着严格的环境执行标准和市场环境，许多利用移民资金建立工厂的小型企业，因为规模比较小，生产技术含量低，管理方面也没有大型企业那么严格，所以他们想在这种环境中生存下去还是非常困难的，有的小型企业就面临亏损，甚至出现倒闭的情况，这样也降低了移民资金的使用效率。

（四）资金管理监督制度不健全

水库移民资金划分不合理，究其根本原因是资金管理制度的不健全，这种不健全的影响因素有两方面：一是水库移民的资金监督机制不健全，审计部门也没有将贪污腐败案件及时处理，导致贪污腐败的事情常有发生。二是资金管理机制不科学、管理制度不健全，资金"跑、冒、滴、漏"的现象经常发生，使得很多的移民资金在一级一级上报的过程中逐渐变少。

第二节 水库移民经济的投融资机制探寻

一、投资机制的历史变迁

（一）早期的投资理念

（1）马克思的投资思想。马克思的投资思想认为，投资的增长与制度的创新有两方面的关系。一是企业投资的逐渐增加，企业制度会发生改变，只有新制度才可以为公司带来更多的经济效益。二是新的制度体系的建立，会促进投资的增长。现实经济中关于投资增长的问题，要想得到充分解决，就应该启动企业的投资。而马克思的投资思想影响深远。马克思的投资理念是，投资的主要动力是投资者对剩余价值的渴求，所以更加注重企业机器设备和技术创新，从而引发激烈的投资竞争。其中投资的主要来源是剩余价值，还有两项资金也是投资的主要来源，一是折旧基金；二是居民收入。投资后收益能否实现的标准是投资产品的价值可不可以得到实现，其次与货币资本相对应的剩余产品的有无也有关系。

（2）凯恩斯的投资学说。凯恩斯认为，投资是对资本存续期间期望收益的购买。投资活动所引起的收益与费用，可用资本需求价格（Pd）与资本供给价格（Ps）来把握。资本的需求价格由资本每年的预期收益的现值来定义：

$$Pd = R_1/(1+i) + R_2/(1+i)^2 + R_3/(1+i)^3 + \cdots + R_n/(1+i)^n + J/(1+i)^n \tag{6-1}$$

当 $Pd = Ps$ 时，为决定投资的基本均衡等式。此时的折现率 $i = r$，称为资本的边际效率，资本的边际效率 r 包含在：

$$Ps = R_1/(1+r) + R_2/(1+r)^2 + R_3/(1+r)^3 + \cdots + Rn/(1+r)n + 1/(1+r)^n \tag{6-2}$$

式中，R_1，R_2，R_3，$\cdots$，R_n 为不同年份（或时期）的预期收益；r 为该投资项目的预期利润率；J 为该资本在 n 年末的产值。所谓预期利润率是指一个投资项目的收益应该按照何种比例增长才能达到预期的收益，它是影响投资需求的一个很重要的因素。从公式可以看出，如果 Ps、J 和 R_1，R_2，R_3，$\cdots$，R_n 均能估算出来即可以计算出该项目的预期利润率。据此，理性的投资者自会决策：如果 $r > i$，投资该项目是可行的，否则应放弃这个项目。

凯恩斯的投资理论从有效需求角度，提出投资需求决定于资本边际效率和利率水平，并指出预期利润率是投资者决定投资与否的重要因素。因此，在我国的现实经济中，给民营企业一视同仁的"国民待遇"，进一步拓宽民间资本的投资领域，鼓励民间投资进入基础设施产业，发挥民营企业对国企改革的促进作用，为民间投资创造良好的投资环境，增加有预期收益的可投资项目等，对启动我国民间资本、促进经济快速高效增长有着重要意义。

第六章 水库移民经济投融资体制创新

（二）现代投资方法的演进

现代投资概念是在马柯维茨1952年发表的具有历史意义的论文《证券组合选择》和1959年出版的同名专著基础上发展起来的理论框架。继马柯维茨之后，经济学家夏普在1963年发表了《证券组合分析的简化模型》一文，提出了资本资产定价模型（CAPM）；罗斯随后于1976年提出了套利定价理论（APT）。

这些模型运用经济计量学的方法，通过建立复杂的数学方程式，从不同角度对证券组合理论进行了丰富和完善，使现代投资理论在近几十年内得到迅速发展并逐步走向成熟。

（1）均值—方差模型和有效率市场假说（EMH）：现代投资理论的两块基石。1952年马柯维茨在开拓性论文《投资组合选择》中，用均值—方差方法分析了不确定性条件下的投资决策，标志着不确定性条件下金融资产的配置——现代投资组合理论（MPT）的开端，1959年马柯维茨在《投资组合：有效的分散化》一书中进一步对此进行了充实。现在，马柯维茨的方法已成为现代投资理论的一个重要基础，他在证券组合理论方面的贡献引发了大量的对现代证券组合的分析工作。在均值—方差模型中，马柯维茨假设投资者是预期效用最大化者，证券组合未来收益率的概率分布服从正态分布，可用预期收益率和方差这两个参数来刻化，以此假设为基础，马柯维茨证明了证券组合的风险分散效应——马柯维茨定理：随着证券组合中包含的证券的数目增加，单个证券的风险对证券组合的风险影响越来越小，证券之间的相互作用成为证券组合风险的主要来源；给定证券组合，证券之间的相关程度越小，证券组合的风险分散效应越大。如果投资者基于证券组合的预期收益率和方差进行投资决策，那么根据均值—方差模型，投资者运用效用最大化的决策准则，可在所有可能的投资方案集中求出最优投资组合。鉴于马柯维茨的方法在计算上特别复杂，1963年马柯维茨的学生夏普对证券组合理论进行了简化，提出了现在称之为单指数模型的形式，证券组合理论的这种简化形式在实践上特别有用。在证券组合理论中，做出过突出贡献的还有詹姆斯·托宾（1958）和肯尼斯·阿罗（1952），在肯尼斯·阿罗的证券市场一般均衡模型中提出的套利、最优化和均衡思想为后来资产定价理论的发展提供了基础。

有效率市场假说是现代西方微观金融理论的基本范式，也是现代投资理论的核心思想之一，著名经济学家、诺贝尔经济学奖获得者保罗·萨缪尔森曾指出，如果金融经济学是社会科学王冠上的宝石，那么有效率市场假说必定构成这颗宝石一半的刻面。效率市场理论的起源至少可追溯到20世纪初巴舍利耶的先驱性理论贡献和30年代考尔斯的经验研究之后，经过许多学者对资本市场证券价格的时间序列的统计分析，建立了投机价格随机行走的标准模型。在60年代中期以后，经过萨缪尔森（1965）、法玛（1965）、卢卡斯（1978）、格罗斯曼和斯蒂格利茨（1980）等的努力，形成并发展了资本市场的有效率市场理论。法玛对有效率资本市场理论进行了综合总结。有效率市场假说涉及资本市场在形成证券价格中对信息的反映程度。如果资本市场在证券价格中充分而准确地反映全部相关信息，则称其为有效率；在一个有效率的市场上，证券交易不可能获取经济利润。EMH对金融工程和公司金融具有重要的意义，如果EMH成立，那么公司的市场值就反映了该公司未来净现金流的现值，公司经理的基本目标就在于使股东财富最大化，或是公司市值最大化。

（2）套利定价规则。由于CAPM应用研究有很大局限性，所以由罗斯于1976年提出了套利定价理论。这个理论假定，证券收益是一个线性的多指数模型生成的所有证券的风险残差，对每一种证券是独立的，因此，大数定律是适用的。

套利定价理论在概念上明显与传统投资理论不同。在这种情形中，对经济主体的偏好没有任何限制。研究均衡状态下定价规则的基础是经济学中的一个基本概念，即均衡状态下完全替代品都是以相同的价格进行交易。"一价定律"成为后来许许多多价格关系被研究揭示出来的理论基础。也许这方面最著名的例子应该是布莱克—萧的期权定价模型，虽然这个模型很复杂，但是布莱克—萧公式最重要的特点就是揭示了在一个充满不确定性的金融索偿权市场中套利的力量。

（3）行为金融学对当代投资思维的启示。上述中的两种投资思想是有假设前提的，也就是说，这两种经典的投资思想需要建立在一系列的条件上，并且要认可市场的确是有效的。非理性投资者一旦在套利过程中被理性投资者抓住了淘汰的机会，那么就会被其淘汰。于是利用均值—方差这一方向衡量方法对投资者最终的决策进行确定，这也是标准投资理论形成的基础。不过，在这里要提到的一点是，对于人的实际决策过程，如果从行为金融理论的视角来看，是无法很好地遵守最优决策模型的，因此，人们应该将重点放在投资者实际决策行为上，行为金融理论的范式中，并非能够保证所有的参与者都是理性的，"市场选择"也充满着未知。所以，整个市场体制出现失灵的情况是很有可能的，很多非理性的交易者在激烈的市场竞争中，极有可能被淘汰。尽管非理性的消费者会面临着淘汰的风险,也依旧是持续存在的,正是因为这一原因,表明了"市场选择"理论的确不够完善。在标准金融范式中,非理性投资者的存在也同样没有被否认,唯一不同的是上市行为金融理论范式。不同的是,这一理论中是认可"市场选择"机制的,该理论认为,只要是在投资的过程中能够取胜,那么投资者就是完美理性的,另外,对于风险的理解和刻度也是这两种金融理论的分歧。均值—方差的分析方式是标准金融理论惯用的方法,以预期财富和财富低于某一水平的概率是行为金融理论使用的方式,不能否认的是在理论上确实不够完善,但是结合实际情况能够发现,后者的确要比前者更现实。

二、融资方式演进

(一) 资本结构演变

(1) 早期融资方法。净利法、营业净利法及传统法是属于比较早期的融资理论,这三种方法所要表示的意义也是完全不同的。首先,净利法认为企业价值与企业的债务之间有着直接的关系,企业的综合资金成本可以利用债务进行降低,企业的负债比例与综合成本之间呈现的是反比关系,当企业的负债比例增加时,综合成本就会减少,这样最终导致企业价值的增加。一个企业的价值达到了最大化,也即意味着该企业的负债比例达到了100%。其次,营业净利法认为,企业根本是不存在最优资本结构的,因为企业在保持债务成本不变的前提下,一旦增加负债,必然会导致企业所面临的风险增加,在其带动下,企业的权益资本成本也会增加,这样即便债务成本带来了好处,也被其所抵消,在综合成本上并没有产生什么实际作用。最后,传统法是对上述两种方法的结合,这种观念为求双方均衡,所以观念比较折中,传统法观念认为,虽然在增加负债的前提下,企业权益资本成本会有所提高,但是对于阻止综合成本下降来说还是有一段距离的,因为债务比例增加的仅仅是低成本债务。所以,在一定范围内对于企业价值的影响不大,还是会促进企业价值的提升。只不过,一旦超出了这个范围,企业价值就会由上升转变为下降,最佳资本结构,对应的就是这个转折点。

(2) 现代企业融资理论的开端。提到现代企业融资理论的开端那一定是 MM 模型,这是一个非常著名的理论,这个理论最早是由两位美国学者提出的,1958 年,莫迪利亚尼和米勒在《美国经济评论》上发表一篇著名的论文,这个论文中所提出的 MM 模型,正式打开了现代企业融资理论。这篇著名的论文就是《资本成本、公司财务与投资理论》。MM 模型并非是一个完全崭新的理论,因为 MM

模型是在经营业收益理论的基础上发展来的,在经过了非常严格的数学推导后,得到了论证。MM 模型证实,在一定的条件下,融资方式与企业价值之间是没有任何关系的。这个论断在当时的反响非常热烈,理论界颇有微词,因为尽管最终结论的假设前提是非常严格的,但是与企业真实的市场环境之间还是有很大差距的,因为我们真实的市场中,是不可能没有税收、风险等一系列的因素的。但是 MM 模型的确在融资结构问题的研究上起到了关键的作用,为其提供了框架与起点。于是 MM 模型不得不开始考虑企业所得税的问题,因为在税收过程中可以将债券利息用作"税收挡板",税后进行股息支付即可。至此,MM 模型得出了新的结论,这个结论是在修正了之前的不当之处以后得出的,那就是对于企业的价值与融资成本来说,负债杠杆的确是会产生影响,当企业的负债率达到了 100% 时,企业的价值是最大的,融资成本是最小的,建议此时企业保持最佳融资结构,即不发行任何股票。

（3）MM 模型融资在考虑到破产成本后的平衡方式。这一平衡方法中有很多著名的代表性人物,如考斯、罗比切克、梅耶斯等,他们在原有的基础上,对 MM 模型进行了进一步的修正。他们的观念认为,市场一定是不完美的,无论我们怎么做,这个市场只要是存在于现实中,那么就无法保障其尽善尽美,税收制度是一定要考虑的,同时破产惩罚制度也应该考虑。由于企业债务的上升会造成一定的风险与费用,所以 MM 模型是在企业无限追求免税优惠或者是负债最大化过程中起到制约作用的。企业债务增加不但导致破产的可能性加大,而且使企业陷入财务困境,从而降低企业的市场价值。因此,在 MM 模型理论下,边际负债收益与边际负债额外成本（以破产成本为主的相关成本等）相等时的债务与权益比是最佳的资本结构。

（4）首次引入信息不对称现象的融资方法。这种融资方法也叫作优序融资法。最早将企业融资与不对称信息进行结合研究的是梅耶斯。梅耶斯受到经济学者唐纳森的"优序融资"概念的启发,得出了一个新的结论,他认为,如果是在信息不对称的条件下,减少后者对投资项目的融资,就必须采用各种借口来避免普通股的发行。之所以会选择这样的方法,是因为企业利用发行股票进行融资,会使市场产生误解,认为企业的经营状况不佳,从而导致新发行的股票受到影响,损害原有股东的利益。无论是出于经济利益的角度还是权利的角度考虑,这样的结果都是不被认可的。因此,对于企业融资来说,权益融资并非首选。但是,如果企业能够保障外部融资,可以解决部分融资需求,那么可以通过发行风险较低的债券来进行融资。综上所述，优序融资理论的主要思想还是集中在内部融资，因为相对于外部融资来说，内部融资的可靠性更高，如果在万不得已的条件下，需要进行外部融资，那么证券融资要比权益融资优先。针对这一理论，1965~1982年，美国企业融资机构对此进行证实，表明在信息不对称原因的影响下，受到融资环境的逼迫，中小企业股东会有这一方面的偏好，会在融资上定好先后顺序。

（5）信息不对称条件下的融资方法。代理成本学说是信息不对称条件下的另一种融资方法，最早提出这一理论的是詹森和麦克林。他们是代理成本学说的创始人，所谓代理成本学说指的就是将代理理论、企业理论以及财产所有权理论作为分析其融资结构的基础，以此对信息不对称条件下的企业融资结构进行系统的分析与解释。公司中所有权与控制权是独立的，所以资本所有者与经营者之间呈现的是代理关系，如果在企业经营管理过程中，委托人、代理人都想追求经济效益最大化，那么，委托人的利益行动并非能够得到代理人的全部支持。为了避免这种现象的发生，可以采取一系列的措施来对代理人实施监督，委托人可以通过激励等方式鼓励代理人为自己的利益竭尽全力，代理人也需要一定的财产来担保委托人的利益不受侵害，在这样的条件下，既可以保证经营者努力工作，又可以保证其收益丰厚。于是，在这样的前提下，尽管可以在获得好处的同时，只需承担一部分成本，但是会导致企业市场价值发生波动，因为经营者知道在这消费过程中不需要承担全部成本，就会失去对工作的热情，不务正业。若是在企业经营过程中，让经营者成为完全所有者，的确可以解决股权代理成本问题，但是这会对经营者自身的财富造成限制，这种限制可以采取债权融资的方式进行突破，可是由于使用了债券融资，就会产生另一种代理成本，如此下去，反反复复。于是，在股权和债权的代理成本问题上，詹森和麦克林得到了一个崭新的结论。结论认为，股权代理成本和债权代理成本之间的平衡，能够对企业所有权起到均衡作用，当两种融资方式边际代理成本相等，总代理成本最小是企业在这一理论下的最优资本结构。

（二）信息不对称条件下的融资对策——信贷配给说

信贷市场上信息不对称的现象是非常普遍的，于是，总有一批贷款申请者想获得贷款的心情是非常迫切的，这些人就是乐于冒高风险的，或者是不打算归还的。这些客户往往不在乎利息率的高低，因为他们很清楚以自己的能力很有可能无法偿还，甚至原本就没有打算偿还。因此，在信贷市场上，越是敢于承担高利息率的客户，越证明他们不会偿还贷款的概率越高。在这样的认知下，银行为了获得更多的低风险客户，集中采取不发放或者少发放，或者是降低利息率的方式，这种情况就是逆向选择。当你想选择发生时，现代资源就出现了无法配置的情况，在信息不对称的条件下，逆向选择与道德风险并存，只不过两者之间的不同处在于，前者是在交易后发生。当机关人在获得了贷款后，由于系列的原因，可能会改变款项的使用途径，例如，在高风险的项目上使用，或是进行高消费，这都不是贷款者想要看到的，因为这些活动很有可能会导致贷款无法收回，所以，贷款者发放贷款意愿也受到道德风险的影响。

银行为了规避逆向选择和道德风险，更倾向于利用信贷配给来对企业实施放款，通常情况下，为了获取更高的贷款收益，银行会采取提高利率的方式，但由于道德风险与逆向选择并存，很有可能会导致借款者因利率的提高，从而退出市场，增加坏账损失的概率，所以，只有在信贷市场需求旺盛时，银行才会推动利率上升。信贷配给的出现是因为银行想要获取更多的利益，但又要考虑逆向选择与道德风险的因素，所以宁愿选择在较低的利率水平上满足所有借款人的申请。不过较低的利率水平对信贷市场也造成了一定的影响，因为信息不对称的原因，信贷配给使信贷资金出现了配置上的问题，进而导致市场上的价格竞争机制受到不良影响。

（三）移民区银企关系制度的探索与思考

金融体制改革的深化和金融机构的多元化，使我国债券市场及股票市场的发展得到了进一步的优化，从而打开我国企业的融资渠道，进一步优化融资结构。不过，当前的债券市场与股票市场规模较小，很多制度性的准入限制，使企业外部融资仍然无法实施，所以很多企业仍然以银行贷款作为外部融资的主要方式。在银行的资金运用中，企业贷款所占比例非常大，所以，对于我国的经济体系与实质经济关系来说，银行与企业的关系非常重要，同时，银企关系也成为了我国投融资体制与投融资机制的核心。银企关系制度的建设迫在眉睫，因为银行与企业的关系，对于我国经济发展和经济稳定来说都有着至关重要的作用。在制度经济学的影响下，可以将交易制度进行分类，银企关系可分为三种，一是企业性银企关系制度，二是市场性银企关系制度，三是半市场半企业性银企关系制度。

由于这三种制度的性质不同，在特点和影响上也截然不同。

第一种制度的优势在于能够保障银行与企业之间形成稳定的关系，对企业的融资起到促进作用，可以帮助企业实现长期发展目标，企业与银行之间实现信息

第六章 水库移民经济投融资体制创新

共享，可以很大程度规避由于信息不对称造成的道德风险和逆向选择风险，减少银行信息收集成本，进而使银行与企业之间新的交易费用得到节约，只是这种企业性的银企关系制度，与非经济的文化等因素之间形成了一种依赖关系，所以从根本上来说，这种制度强制力欠佳，经常作为一种软约束来对社会效率进行维护。

第二种制度的优势在于企业不会过于依赖银行，银行也可以保持较高的资产流动性，对于资金的使用效率来说非常有利，这种制度产生这样优势主要还是得益于在交易过程中双方的独立性较强。但是，市场性银企关系制度在交易行为上比较频繁，这也是因为双方独立性强的缘故。对企业的长远发展来说，频繁的交易并不适合，而对于银行来说，伴随着金融自由化的发展，现代市场的竞争越来越激烈，一些非银行金融机构对银行造成的威胁很大，若是在信息不对称的条件下进行信贷谈判，那么，银行所处的地位是非常劣势的，一旦贷款的风险性被提高，银行坏账率也会随之增加。

第三种制度，顾名思义，是介于上述两种银企关系制度之间，能够对这种制度产生影响的因素是银行的经营环境和企业融资对银行的依赖程度。

我国银行制度所采用的贷款主办制度，与第三种制度之间性质比较相似，这种制度对于银行和企业之间的共同发展有着极大的促进作用，还可以针对不良债权债务问题进行有效解决，所以，在我国的经济转软过程中，半市场半企业性制度的过渡性意义是不能忽视的。只是受金融全球化及金融自由化的影响，我国银企关系制度一定不能停滞不前，应将新型的市场性银企关系制度作为市场发展的终极取向，伴随着融资市场规模的不断壮大，金融体系中混业经营的趋势不断明朗。现在我国银企关系也应该顺应世界经营发展潮流，在一定程度上进行收缩，鼓励企业在融资问题上不再单纯依赖银行贷款，实现银行资金的多元化应用，银行在选择贷款企业时，有更多的风险衡量标准。

在信贷市场发展的过程中，银行的参与程度还受各种因素制约，只有银行与企业彻底摆脱行政干预，以及不受不良债权债务的困扰后，方能在市场中随心所欲。可见，我国想要建立新型的市场性银企关系，还要走很远的路，一方面需要对国有企业进行深化改革；另一方面也要对银行商业化进行更新，有效解决存量问题，打造与我国市场经济相符合的银企关系制度。

第三节 水库移民经济的投融资制度安排

受到水库移民经济投融资现状以及问题的影响，笔者认为水库移民经济投融资制度创新势在必行，融资创新、资金管理运营创新、投资创新和投资效益评价等都是移民投融资创新的主要内容。

一、水库移民经济融资制度创新

众多实践经验表明，稳定可靠的资金来源是实现水库移民经济发展的重要保障，而且足够的资金投入是推动水库移民经济发展的重要支撑力。为了实现水库移民经济融资制度的创新，一方面需要对水库移民经济政策进行完善，高度重视水库移民后的补偿问题，有效提高补偿标准，并保证补偿重置与移民前的规模和功能都是一样的；另一方面，政府应该重视水库移民项目的重要性，抓紧时间出台有关政策，采用宣传、鼓励等方式使各个投资方积极地参与其中，筹集资金。在融资过程中，需要将"谁投资，谁受益"的原则贯彻始终，将多样化的融资方式与市场化的融资机制进行结合，打开资金来源渠道，利用降低筹资成本的方法使各方参与投资的积极性得到提高。

（一）融资创新与利用外资

对招商引资项目管理系统和国外贷款项目管理信息系统进一步完善，通过对储备项目的推介、筛选，保证项目的前期准备工作能够充分。这样就能够为移民项目提供更多的外资支持。

黄河小浪底水利枢纽工程项目在利用外资上取得了很显著的成就，这是一次在利用外资方面很好的尝试，这也是国内目前唯一独立使用世界银行专项贷款的水库移民项目，该工程建设初期，国家为了使投资不足的矛盾得到缓解，决定对水库移民安置设施进行建设与评估。1994年2月，中国政府与世界银行针对这一项目进行首次谈判，对项目中的各项问题进行说明，以《国际开发协会开发信贷协定的通则》为原则，签订《小浪底移民项目开发信贷协定》。协议中对相关项目进行了明确，其中包括各个币种信贷金额（7990万个特别提款权价值11000万美元），信贷期限35年（宽限期10年），偿还方式每财年还款两次（2004年

10月1日至2029年4月1日），利息问题（2014年4月1日前利息为本金的1.25%，而后为本金的2.5%），手续费与承诺费（手续费0.75%，承诺费0.5%）。

使用开发协会的软贷款与其他国际商业性贷款究竟有什么不同？通过对协议中的规定进行对比，可以发现，软贷款的优势是只需要缴纳承诺费与手续费，费率较低，而且还款周期长，甚至还提供十年的宽限期，后期的还款比例较大。与同等条件下的省内贷款相比，可以多赢得15~20年的还款期限，节省上亿美元的资金，无论是对项目的发展来说，还是对我国的经济建设来说，都是非常有利的。事实证明，这一项目最终所取得的成绩非常亮眼，不仅受到了中国政府与社会的认可，更是在世界银行得到了赞同，世界银行副行长卡其先生表示，小浪底移民项目是世界银行与中国合作的楷模，对其他国家来说，中国可谓开辟了处理大型水利设施和移民问题的道路，促进了世界银行与其他国家的合作。

（二）融资创新与项目融资

最初，项目融资是在发达国家产生的，是为特定项目安排的融资，但很多事实证明，在发展中国家的大型基础设施建设中，使用项目融资也非常有效。项目融资过程中，外部资金投入者首先考虑的并非是项目出资人的信用问题，而是考虑在项目建成后资产净现金流与项目本身是否能够形成充分的还款能力，这将会直接影响到外部资金投入者的贷款安排。一般情况下，贷款人还是会要求项目出资人采用一系列的形式为项目提供信用支持，这样做主要还是为了避免意外风险的发生，对项目资金提供一定的保障。向融资中银行贷款通常情况下没有索取权，所以不会对项目发起方的资产负债产生太大的影响，项目融资过程中，如果有各方的担保，那么，项目的风险就会大大的分散。如今，我国有很多大型的工程项目，采用了项目融资方式，例如，北京京通高速公路建设项目，上海黄浦江延安东路越江隧道复线工程等。在水库移民经济建设中，项目融资一定会发挥有效的作用，为了这一天尽快到来，需要对项目融资的政策进行不断完善，解决项目融资中存在的问题，实现项目融资制度的创新。

（三）融资创新与资本市场直接融资

移民资金的筹集在资本市场不断完善与发展的过程中实现了两者的融合。在移民资金的融资过程中，银行贷款及一系列的经济融资方式应减少应用，直接融资方式应多多提倡。所谓直接融资，指的就是在不通过金融机构的条件下，移民项目业主与资本市场之间直接进行融资活动的沟通。以下三个方面是移民资金与资本市场直接融资的创新探索。

第一，股权投资。股权投资在现代企业融资中扮演着重要角色，因为这是融资的一种主要渠道。股权融资的筹集资金方式是利用发行股票的方式，一般被分为两种不同的形式，一种是私募，另一种是公募。对于有限责任公司的股本募集来说，私募是一种比较常用的方式，这种方式也比较适合有限责任公司，因程序上相对简单，只不过，因为股东数量受到约束，会导致资金数量与公募方式相比有所差距。对于股份有限公司的股本募集来说，公募是一种有效的方式，公募的融资方式可以筹集到大量资金，但由于股票的发行与组建程序非常复杂，因此，在审批上相对严格。股权融资方式的主要特点是，对移民项目业主的财务风险来说，非常有利且无到期偿还债务的压力，但资金成本相对较高。

第二，债券融资。现代企业融资方式中，债券融资非常重要，所以，企业债券指的就是由企业发行，并标有债权债务关系的有价证券，该证券需要在到期内还本付息。债券融资利息成本较低，与股权利息相比，可以在税前进行支付，通常可以与所得税相互抵消，发行成本也相对较低，没有明显的弱化效果，这是债券融资的主要优点。但这种融资方式风险较大，一旦债券融资数量增加，企业所面临的财务风险与破产风险也会随之上升，这些风险的上升会导致企业成本的增加，一旦企业的负债比率超过了限定值，企业今后将很难再进行债券融资。所以在水库移民经济建设过程中，这种筹集资金的方式要适当选择。

第三，可转换企业债券。这种筹资方式是在债券持有人自愿的条件下，与债券发行人约定好时间，将一定价格的债券转换成一定数量的发行债券或企业普通股票。可转换债券中所包含的特性兼顾股权融资和债权融资，在性质上具备了两种融资方式的双重特性。对债券投资者来说，这是一个很好的机会，利用这个机会可以赚取更多的资本利润。可转换企业债券在债券到期后，如果债券持有者一直没有将债券转换的权利付诸于实践，那么需要发行人对债券持有者进行偿还本息，而且可转换企业债券与股票期权在本质上是一样的，也就意味着，当投资者购入债券时，同样会获得将债券转换成股票的权利，从而使单一的银行贷款筹资方式得到改善。

当前，直接融资在水库移民经济资金的筹集过程中，应用的还是比较少，但不能否认，这种融资方式在未来市场化改革加深的过程中一定是大势所趋，未来直接融资将会赋予水库移民资金筹集更重要的意义。

第六章 水库移民经济投融资体制创新

（四）建立和完善水库移民中小企业融资体系的路径分析

中小企业在水库移民区域中是比较常见的，不能忽视在移民经济发展过程中中小企业的作用，特别是中小企业的融资问题，更应该着重考虑。中小企业融资难的现象是非常普遍的，为了改变这一现象，需要对中小企业的融资体系进行完善，建立水库移民区中小企业的全新融资体系，当然，这个过程中离不开政府、金融机构以及企业三方面的支持与努力。

1. 政府支持——构建中小企业融资的外部环境

首先，要完善中小企业的金融法律法规。我国当前还没有一部统一的中小企业基本法，在中小企业的立法制度上比较落后，所以为了改变现在中小企业融资中存在的问题，需要政府提供有效的支持，对中小企业金融法律法规进行完善。全球有很多市场经济的国家对中小企业的标准进行了明确的划分，我国也应该借鉴这样的划分标准，建立科学的中小企业统计指标体系，从根本上将中小企业的政策、发展方向、管理原则等落实，确保中小企业能够在现代化进程中实现自身利益的保护。

其次，库区政府要提高对中小企业的扶持力度。中小企业的管理工作一直以来都是由国家经贸委中小企业司和农业部乡镇企业局等联合管理，这对于管理的效能来说是非常不利的，因为拥有管理职能的部门太多，必然会导致中小企业在被管理的过程中出现问题。库区在对中小企业进行管理过程中，应该组建从上至下的统一管理机构，对管理职能进一步强化。库区政府所要承担的职能主要有四点，一是帮助库区中小企业获得贷款，二是在财政上为库区中小企业提供支持，三是向相关的管理人员提供有效的培训，四是向中小企业提供相应的技术服务与技术支持。库区各类型中小企业的改革过程中，离不开库区政府相关管理部门的有效指导，这些部门需要在中小企业的扶持政策上多下功夫，建立中小企业的库区服务体系，为中小企业的对外合作提供有力的保障。

最后，库区需要完善相应的社会辅助体系，为中小企业提供金融支持。社会服务体系所包含的内容有很多，库区政府需要正视中小企业的管理职能，在促进中小企业资金融通、信息服务、技术支持以及管理咨询等工作中起到推动作用，同时，库区政府还要在中小企业的服务体系建设上提供资金与政策上的帮助，鼓励库区中介机构的发展，重视监督机制与职业标准机制的建设，打造社会化、规范化、专业化的库区社会服务。

2. 库区金融组织制度体系和供给体系的改革

首先,库区中小企业融资过程中,可将人民银行作为外部的推动力。为了库区中小企业的发展,人民银行应该采取一系列的措施,为库区中小企业、金融机构体系的运转与完善提供保障。人民银行可以建立中小企业信贷政策委员会,主要负责中小企业信贷政策的制定、实施与调整等工作,对中小企业相关服务经验进行及时的总结,从而使库区中小企业能够实现健康稳步发展。目前,在库区中小企业的相关信贷政策中,提高商业银行对库区中小企业贷款的积极性,对企业信用等级评定标准进行修改,对库区高科技企业以及民营企业的信贷支持进行改革等工作,都是库区急需调整的工作。

其次,库区中小企业发展过程中需要国有商业银行的大力支持。国有商业银行应该对库区中小企业给予充分的重视,在市场中发掘一些有潜力、有能力、有市场、有信用的中小企业作为自己的客户群,鼓励国有商业银行对当前的管理方式进行改革与完善。因为从根本上来说,中小企业与大型企业之间是有很大差别的,所以不能用大型企业信贷管理的方式来看待中小企业。除此之外,在贷款管理问题上,库区新型行业与高科技企业和传统行业之间也应该有区别。在权责对等原则的影响下,在贷款审批方面,库区应对贷款审批权限进行适当的放宽调整。

再次,库区地方性的中小银行应该得到大力发展。一些中小金融机构的灵活性是大银行无法替代的,因为这些中小机构坐落在当地,具有因地制宜的优势,与中小企业的融资需求之间能够相适应,可以说与中小企业之间是非常完美的合作伙伴关系。库区内应该鼓励设立政策性银行和商业性的中小企业银行,这些银行能够为库区内中小企业的发展提供一定的扶持作用,库区中小企业创业过程中所面临的长期贷款需求由政策性银行负责,而由于商业性的中小企业银行是经城乡信用合作社或者是城市合作银行改制而来,因此,这些区域性银行的主要作用是为中小企业提供服务。

最后,库区内发展中小企业融资,促进库区多层次资本市场的形成。为了实现库区中小企业的发展,库区内各类中小企业应该意识到主板上市的重要。上市后开辟二板市场,为中小企业提供直接融资机会,特别是高科技企业,如果有一个上市的机会,对它们的发展来说是非常重要的,库区的一些中小企业如果能到香港或海外的二板市场进行上市融资,也应该得到大力支持。除此之外,为了使库区中小企业股权融资与产业交易渠道更加丰富,库区内还可以建立一些地方性证券市场，或者是中小企业产权交易市场，这些都可以起到拓宽渠道的作用。

在中小企业创业初期阶段，往往会面临筹资难的问题，特别是一些高新技术企业，投资高、风险大，库区可设立风险投资基金，为这些中小企业解决实际问题。还可以通过拓宽库区中小企业债券融资渠道的方式，使库区企业债券能够实现进一步的转变，一些对于库区中小企业不利的额度限制应该及时取消，保证优秀中小企业的长远发展。

3. 库区中小企业应提高自身素质，提升信用等级

库区中小企业想要使自身的融资状况得到改善，就必须重视发展环境的问题，促进自身素质的提高，从而获得信用等级的提升。因此，库区中小型企业应该积极学习，重视知识产权与市场资本的增加，提高自身学习能力，增强核心竞争力，从而实现效益的提高。在制度上，库区中小企业需要不断创新，在市场经济发展过程中，要重视自己在融资机会上是否受到了平等待遇。同时，还要重视技术的发展，在保障自主创新的同时，还要符合大企业的技术创新要求。另外，文化创新也是库区中小企业需要重视的一点，库区中小企业一方面要从内部培养文化，实现委托代理成本的减少，另一方面要对企业文化实施不断的变革，确保企业文化的适应性，从而提高生产效率与管理效率。库区中小企业还要重视自己的责任与义务，确保能够在库区范围内依法办事，提供的产品与服务能够保质保量。

总而言之，库区中小企业想要获得更多的利益，就必须努力提高自身的核心竞争力，通过提高自身素质，以确保在外部环境不断变化的过程中也能完全适应。技术与制度的创新是库区中小企业吸引更多金融机构投资的主要力量。库区中小企业还应该重视自己的信用问题，树立牢固的信用观念，维护企业形象，确保财务信息的真实性，这样在与银行或其他担保机构进行沟通交流的过程中，就会更容易。

二、加强水库移民资金管理的政策举措

从客观角度出发，安全性、周转性与增值性是移民资金在使用过程中所要求的三种特性。这三种特性之间关系密切，互相促进、相互依存。资金的安全性是资金周转性与增值性的基础，可以说，如果没有资金的安全，就无法谈及资金的周转与增值，而为了促进资金回收的安全，就必须使资金周转的速度加快，从而促进资金使用率的提升，资金增值。这一特性的主要目的是为了使更多的资金能

够参与到周转过程中,这样就会形成一个良性循环的资金链。那么,在这个过程中,如何保障移民资金的安全性,并提高周转速率与增值率呢?比较认为,建立一套有效的管理制度是非常关键的,对于移民资金来说,如果能够在日常工作中进行有效的管理,处理好资金使用前后的每个步骤,严格地审核资金的流向与用途,就能够保障移民资金使用过程中的特性。另外,还可以与当前我国保险业的发展情况相结合,对水库移民资金的管理制度进行创新,以下几点是对水库移民资金管理提出的建议。

(一)必须建立分权制衡的移民资金运用机制

对于水库移民资金的管理,应该建立一个完善的系统,这个系统中包括资金运用决策系统、执行系统以及考核监控系统,从而形成能够对移民资金运用进行分权制衡的机制。该机制能够起到协调、管理、制约的作用。整个运行机制中,可将项目投资决策委员会看作决策系统,资金运用部门看作执行系统,投资绩效评估与风险控制部门看作考核监控系统。考核监控系统主要是对投资部门的行为进行监控,监控在投资过程中可能会出现一系列的风险问题,监控部门能够及时地发掘并控制,考核监控系统还能够对投资部门的业绩进行考核,这样就有助于公司高层领导对公司的情况进行掌握。三个系统之间分权制衡、互有联系,形成了一个完善的投资管理体系,在运行过程中,能够保证移民资金科学、准确地进行使用,避免一些违规操作出现,极大地减少了风险问题,提高了投资的安全性与效益性。

(二)明确移民资金运用审批程序和权限

为了使资金运用行为得到进一步的规范与管理,可以通过设置审批程序和审批权限的方式来对移民资金的运用情况进行明确,这不但能够有效地控制和降低资金运用风险,还能够使移民资金的投资安全性与回报率得到保障。设置审批权限能够对集权与分权之间的关系进行调整,使各级投资人员的权力与责任更加明确,提高投资收益率。由于投资种类的不同,在管理难度上也会有所区别,因此资金的运用风险也大小不一,这些都会对审批程序与审批权限产生影响。

(三)移民资金实行集中上划和统一规划的管理体制

笔者在通过对多个移民项目的研究后发现,很多地方移民机构在向上级申请资金的同时,会因为管理不力,或者是谋取利益的问题导致资金积压,甚至有的会造成移民工程款拖欠,投资收益率低下,等等。为了使投资问题能够得到更专业化的管理,建议在移民资金的管理问题上,采用统一管理的方式,建立审批与制约机制，避免由于资金分散产生的一系列问题，导致道德风险的出现。另外，还要重视监督手段与处罚措施的有效应用，这样不但能够达到银行与库区移民管理部门之间的合作，也能够实现对投资部门资金的安全保障。

从政府职能视角出发，政府在传统体制下，会对移民投资活动起到直接控制作用，对建设项目也是直接审批，从而致使移民资金得到分配，不过，在市场经济发展的过程中，这种管理移民资金的方法显然过于直接，也过于微观，当下已经无法适应市场的发展。由于经济主体的经济效益是不同的，因此，在经济行为上也会有所差异，他们各自有着不同的积极性，需要站在宏观利益角度对他们的发展总目标进行审视，采取有效的经济办法，对移民资金实施间接管理，并结合法律政策与行政规则，对移民资金管理体制的建立与完善进行扶持。

三、水库移民经济投资效益的分析

（一）社会效益分析

社会效益分析主要分为四个不同的方面，一是库区工业产值占社会总产值的比重，二是生活质量评价，三是生产条件的改善，四是移民精神面貌的改变。

首先，对库区工业产值占社会总产值的比重进行分析。在库区移民经济管理过程中，移民经济与非移民经济发展水平之间的绝对差别和相对差别就是需要这个比重来反应的；对于水库移民遗留问题的处理规划，并对处理前后的移民经济水平进行对比，也可以用这一数值来进行体现。在分析过程中需要将库区与非库区工业总产值的比重进行对比，以此作为评价移民资金投入后库区工业发展的标准，使工业产值方面的效果得到提升。

其次，要对生活质量评价进行分析，关于库区移民生活质量变化情况，可以从两个方面进行研究。第一，分析研究移民生活质量是否得到改善的问题，这一问题的研究需要一系列的数据为基础，可以通过生产生活用电、学校入学率、医院床位、地方交通等因素对此进行判断；第二，选取一些能够反映生活质量的指标，将移民资金投入前后的情况进行对比，例如，通信、水电、医疗卫生、文化教育等。

再次，要对生产条件的改善问题进行分析。关于库区生产条件是否得到改善，可以关注以下四个方面：一是基础设施，二是生产要素，三是库区资源的利用率，四是科技投入所产生的效果。

最后，对移民资金产生的社会效益进行评价，还要重视移民精神面貌问题。

对于库区来说，移民经费的使用，不但能够促进经济发展，更重要的是，能够使库区移民意识到党和政府对他们的关怀之情，这不仅能够有效地稳定库区移民的思想情绪，还能够在构建和谐社会上起到至关重要的作用，发展库区经济。库区干部一定要意识到群众思想和精神面貌的重要性，如果在库区经济的影响下，群众思想与精神面貌都得到了改善，那么，库区经济的发展一定是振奋人心的。

（二）经济效益分析

（1）指标及方法。库区经济效益，归根结底是投入与产出的比例关系问题。分析移民资金投入的经济效益，就要看移民资金使用在哪些方面，以及由此而引起的变化情况；还要看移民生产、生活环境改善的程度，能够自我发展经济的能力和增加多少纯收入。库区经济的恢复和发展是综合投入的结果，事实上，投入部分中有些是很难精确计量的，移民资金只有与移民的劳动相结合才能形成产出，但移民的劳动投入也是很难精确计算的。另外，在某些情况下，移民自身额外投入了多少资金等问题也增加了分析的难度。

因此，对移民资金投入的经济效益分析，是根据资金投入后新增经济效益来计算的，移民资金投入中有相当一部分是间接为生产服务的有关因素，理应计入"资金投入"中，但由于这些因素中很多难以用货币进行计量，所以评价时可仅把有偿扶持部分资金算作产生经济效益的资金投入。

（2）移民资金投入的经济效益分析。搜集移民资金从开始投入到评价年份的每年资金投入额、新增效益等资料。投入、产出按种植业、养殖业、第二产业、第三产业等分别计算累计投入额和累计新增年效益。累计新增年效益对于种植业、养殖业来说是新增年纯收入，因而包含了劳动报酬（工资）。第二、第三产业的"累计新增年效益"是累计新增年利润，按投入产出的有关数据，由下式计算资金效益系数：

经济效益系数 = 累计新增年效益 ÷ 投入总额　　　　　　　　　　　（6-3）

根据资金效益系数可以评价资金投入的经济效果。

（三）环境效益分析

环境效益是指投资项目对生态系统的结构、功能造成的某种影响，从而对人类的生产、生活环境产生某种影响效应。它能够有效地度量人类与自然界和谐相处的融洽程度和生态环境系统的发展程度。如果投资项目能保持生态环境不被破坏，提高生态环境系统的结构和功能，保持生态平衡，使人类社会的生产和生活环境得以改善，其生态环境效益就好，否则，其生态环境效益就差。因此，投资项目的生态环境效益就是要以尽量少的生态资源消耗获取最大的生态经济成果。在开发性移民方针的指导下，通过对库区移民资金的投入，调整库区产业结构，在收入和粮食产量不断提高的前提下，库区生态环境必定会有较大的改善，如种植业中耕作方式的改变使水土流失得到控制，进而使人口与资源、环境的关系保持协调。

第七章 水库移民库区区域的非经济因素分析

针对水库移民库区区域的非经济因素分析,世界知名的银行社会学家迈克尔·M. 塞尼教授,对通过世界银行进行贷款而兴修的水利水电工程以及灌溉大坝河堤的调查,得出的数据报告显示,在全世界范围内的修建河堤、大坝中,关于移民问题的处理和解决是非常不妥当的,移民迁徙问题改变了移民的生产生活方式,使人们经济收益遭受到了损失,丧失了土地等资源,社会体系也遭到了破坏。为了生存与发展不得不开拓自己不擅长的领域,与家人亲戚分离,还要适应全新的安置区生活,民族文化和生活习惯也遭到了侵犯,移民本就是弱势群体,文化凝聚力逐渐削弱,反而对生产生活更加依赖。所以说,库区移民经济的发展是多方面因素整合的大工程,其中包括政治、文化、经济、社会等等。要想完善地处理水库移民问题,就要综合考虑社会、文化、心理、环境等多方面因素来促进库区经济的可持续发展。

第一节 水库移民库区区域的社会因素分析

水库移民所产生的经济收益是一种比较特殊的情况。其实,移民经济是经济资源与移民需要的全部要素重新组合在一起的过程,同时也是社会关系重建,社会结构重新布局的过程。水库移民的经济问题不只是单纯的人口迁徙安置那么简单,也不只是自然环境的改变,从社会学的层面来看待和分析这个问题,所反映出来的是社会变迁的过程。在外力的推动下,一切事物发展和变化都是基于移民社会经济系统下所产生的,其中包括社会、经济、文化以及心理变迁的全部过程。

一、水库移民的社会过程

以社会学的角度去看待水库移民问题,水库移民所反映的也是社会现状的一种过程,这种过程主要体现在两个方面,一方面,体现在水库移民工程与国家政府之间的一个交流互通过程;另一方面,它也表现在两个紧密相连又两极分化的社会过程,这个过程所反映的现状是社会组织的解体过程与全新的社会组织整合过程。这两个方面是相互依存,相互制约的。

(一) 水库移民是一个政府与移民的互动过程

水库移民是一项大工程,这种大工程的顺利开展是在国家政府的行为和指令下才得以实行的,通常情况下,水库移民,尤其像三峡水库移民这种大工程,都不是市场或者是经济下的自发行为。换句话来讲,水库移民工作能够顺利进行的主要推动力来自于政府。所以说,水库移民和政府之间有着紧密的关系和联系。也正是因为水库移民是政府组织下的行为,所以移民迁徙的推动力是政府的支持。因为移民迁徙,移民活动与国家政府之间就成为了捆绑互动的关系。在这种互动的关系中,政府的目的就是顺利开展水库移民计划,但对于被迫迁徙的移民来说,他们所要面临的是生活的变迁,经济利益的损失。在利益驱使的现实社会中,利益保护的本能使他们心中抗拒迁徙,而政府与移民之间互动的最终结果就是移民迁徙的顺利进行。

政府和移民之间的互动结果,没有极特殊的情况下,都是政府完成了水库移民的迁徙工作。水库移民这一社会过程作为政府与移民的互动过程,之所以是这样的结果,是因为在互动过程中,虽然不同社会层面和社会发展阶段都有差异性存在,但还是有共同之处的:一方面互动双方的力量不均衡;另一方面互动结构不对称。其中,互动双方的力量不均衡或是不对称,是因为政府与移民的互动中,政府的目的性很强烈,为了顺利地实现移民迁徙的目标,有一种特殊的组织方式,有强大的国家力量支持,利用政府的威信加上决断的强制性,达到了移民迁徙的最终目的,这种方式还使政府具有了高度的社会动员力。

作为力量薄弱又没有什么保护的移民一方,一旦迁徙,移民将损失大量的经济财产收入,不仅如此,生产生活的方式也随之改变了。面临着利益的损失,移民自发地建立起保护层来共同抵抗政府行为。如果清楚地表述移民迁徙之后能够获得哪些利益，在利益的驱使下自发形成的组织，在已经不能改变移民必将迁徙的事实情况下，就要想办法将经济损失降到最低。通常情况下，移民的自我保护机制都是孤立无援的，是虚弱无力的，这种弱不禁风的组织和力量要怎么和有国家支持的政府进行抗衡？互动结构的不对称指的是沟通渠道的不对称，国家和移民之间的关系就好像是太阳与星星照亮光芒范围大小的区别，呈现一种单一的特征，政府可以将自己的想法通过多方渠道公示或通知给移民，但移民对自身利益的维护与想法表达的渠道是有限的。整个互动活动中，这种不对称性更向权威的一方倾斜，对移民群众的切实利益极为忽视。

要想水库移民工作能够顺利地进行，就必须要建立一种政府与移民之间的良性互动关系，政府在做出决定和相关政策时，在行使社会监管职能工作时，要充分考虑和尊重移民心中的想法，要切实为移民的利益做出考虑，通过协商的手段来实现政府在社会发展上的方向和目标，只有这样，才能使水库移民迁徙活动顺利地进行，促进水库移民的经济发展。有关数据报告显示，在水库移民安置活动过程中，政府和移民之间的互动关系对非成本因素都有所影响。在这个互动过程中，政府是不是能够真正做到公平公正与遵循合理性原则，是强制的执行还是充分地考虑移民内心真实的想法，并保证移民的经济收入不会因为迁徙而造成损失和伤害，移民安置活动要让移民参与其中，有知情权和参与权，有效地缓解以前政府与移民之间互动结构不对称的关系。相互之间减少怀疑与猜忌，对避免陷入长期的利益纠纷等，都具有非常重要的作用。

(二) 水库移民是一个原有社区解组和新社区整合的过程

站在社会学的视角去看待这个问题，其实，水库移民就是一个原有社区解组和新社区整合的过程，水库移民工程的开展，打破了移民原有的生产生活方式，丢失了自己赖以生存和熟悉的环境和整个家园，在这种情况下造成了社区的解体与分散，这种现象主要表现在：

(1) 水库移民变迁中，绝大多数人经历了生活环境的变迁、资源结构的变化，固有的生产生活模式被打乱，经济结构也出现了破洞，本地居民尚且不能一时间接受，更何况是外迁移民。以中国较为著名的三峡水库移民来讲，在三峡水库还没有动工之前，三峡水库沿江的城镇居民大部分都从事商业经营，他们将自己的商铺和家庭住宅两者联合在一起，要么就是"上宅下店"，要么就是"前铺后宅"的结构形式。一旦进行移民迁徙，这种生活模式就必将被破坏。从事商业的移民尚且如此，那些靠农作物生产生活的农村移民将会产生更加重大的变化。

第七章 水库移民库区区域的非经济因素分析

自从改革开放以来，三峡库区的农民自发地组织并且形成了一种适合当地自然生产条件和社会经济状况发展的特有的生产生活方式，也就是以家庭为生产生活的中心，一切生活都可以自给自足，自行劳作，种植粮食作物、经济作物，在畜牧业和水稻种植业等领域也有所发展。三峡水库工程的开展和实施，大部分的山地和农作物耕地都被占领和淹没，人均占地面积在不断地减少，随之而来的，经济收入也在降低。这种固有的生活模式被打破，使得大部分人从农业转变到非农业中去。从农村转移到城市，使原本赖以生存的环境和形式发生了翻天覆地的变化。

（2）由于水库移民迁徙，致使原有的生产生活模式和社会经济组织以及社会整体关系网支离破碎，但这几个方面都是社会发展中最不可或缺的社会体系资源。尤其是我国的乡下农村家庭，农村的生活像是农家乐，家族关系网建构、邻里乡亲之间的亲密关系，相互交织在一起构成的社会初级网络关系，这些方面对于长期居住在农村的农民而言，在生产生活中都有着特别重要的现实作用。社会资源是维系农民生产生活发展的重要社会资本，从某种程度上来讲，还有一定的社会安全和社会保障的重要意义。初级的社会关系对于基层社会和基层劳动人民来讲有一种黏合剂的作用。同时，由初级社会关系形成的社会结构也通常都是文化得以存在和变迁的重要载体。

水利水电工程的开展，迫使移民迁徙，一旦迁徙项目最终落实，水库移民的生活等于重新来过，除了家庭关系是没有办法割舍的，其他的社会关系被破坏，在普遍情况下，都会造成原有的生产生活方式以及社会的整体组织形式遭到破坏和瓦解，相应的初级社会关系网络模式也会遭到破坏。因为库区改造不得已的移民迁徙造成社会组织的变迁与解体，社会发展网的破坏，这种伤害虽然是看不见摸不着的，但影响是恶劣且深远的。曾经迈克尔·M. 塞尼说过，国家政府强制性的移民破坏了完好的社会组织结构。这种大规模的变迁使原有的社会群体与社会相处中的人际关系破碎，邻里亲戚之间的关系疏远。自发组织形成的团体模式被迫拆散，相互之间的关系也越来越淡。对移民安置后生活的主要影响是和原有的亲戚与邻居分隔较远，移民显得更加的孤立。因为库区移民所引发的社会关系网络组织的不完整，使得移民在不自愿的情况下搬到安置区生活会产生一种孤单和被疏远的情愫，在不了解也不适应新环境的情况下，由于压抑的心情就会与当地居民产生矛盾或是发生争吵，在短时间内也不能够完全地融入新环境中。当移民习惯的一切事物在突然之间发生了转变，不论从什么角度去看待和分析，空间结构作为一个最为基础的群体结构形式、社会关系的载体等而瓦解，这些都是社会资源的损失。

（3）水库移民的变迁，使原居住地的移民文化在一定程度上遭受了严重的冲击，从本质上来讲，就说明长期习惯居住的家园和故乡在水库迁徙过程中就永久的不复存在了。民族文化反映一个地区的经济文明发展情况。移民失去了长期生活居住的家园，家庭住所搬迁，人们也就被迫抛弃了大部分具有文化象征意义的标志物，比如说祠堂、宗庙、祖坟等，彻底切断了与曾经生活模式和方法的联系。移民搬迁后，历史传承下来的优秀传统文化、风俗传统以及宗教信仰等也都会随之消失。移民要怎样才能快速地适应安置区的风俗和生活习惯，这也是需要时间去处理和解决的问题，这就直接造成了移民心理思想文化的冲击与碰撞，增强了移民心理成本的付出。

水库移民的过程是社会整合的过程，水库移民的社会整合，不仅仅是将根本的经济利益整合到一起，其中还包括社会与文化之间的整合。例如，完善原有的产业链，宗教民族信仰等，发展城乡部落、优秀民族传统文化、风俗习惯等，水库移民之所以能够顺利进行就是通过这一系列的整合，使移民更好地融入和适应新环境，同时也促进经济体系的发展，移民的生产生活也有了保障。简单来说，水库移民的整合过程就是社会、经济、文化等解体重组的一个过程，也是重新构造新生活环境的过程，是大幅度地改变了原有的生产和生活的方式，而使社会经济体系重新建造的一个过程。所以说，水库移民的全过程就是社会整合的新过程。社会重新整合，也就是移民利益的保障与重组，包括国家政府与移民、各县级部门与移民之间的相互利益调配才是社会整合的全新过程。对于农村移民来讲，这种利益整合又以土地调整中的利益整合最为重要。

二、水库移民过程中的社会冲突

水库移民过程中必然会存在社会冲突，这种社会冲突指的是在水库移民过程中，水库移民与非移民、移民与政府、移民与安置区非移民之间的各种矛盾出现。水库移民经济系统是一个大规模重建的工程，水库移民过程中所产生和出现的社会冲突本质与根源是多元化的、多层次的，其中包含了利益的冲突，也存在着文化的差异。水库移民的整体过程当中，会存在库区政府对当地经营模式结构的转型、解体、重组、建造的一个状态，这种状态下就会出现移民与非移民之间多种社区集合的形式，这就出现了在移民社区中居民之间的相互认同问题，如果

第七章 水库移民库区区域的非经济因素分析

认同度高，相应的社会冲突就会小。影响移民社区居民之间社会认同的因素有很多，其中，包括历史民俗文化的差异、文明素质的差异、行为习惯的差异、职业工作之间的差异。

（一）利益冲突是产生各种社会冲突的基本因素

在利益驱使的当下社会，一切事情产生冲突的根源都是因为利益，所以说利益冲突是产生各种社会冲突的基本因素。在利益基础上所产生的社会冲突就是利益冲突。准确地说，利益冲突是水库移民过程中产生一切冲突的根源。在水库移民过程的全部阶段，每个层次阶级间的利益冲突都是有所差异的。在移民迁徙的过程中，但凡是整体性的，所产生的冲突就相对较小，因为是整体的，移民之间没有明显的经济收益的区别，也就不存在所谓的利益之间的冲突。如果说库区移民需要全部外迁，且是分散性的外迁，又有新的问题出现了，就面临着安置区分配和选择的问题。如果安置区选择是非自愿的，就不会产生相应的冲突，但会出现移民与移民制度安排的冲突；如果安置区选择是自愿的，那么安置区之间的差异，特别是设施与条件上的差异就会引发移民之间的竞争，进而产生利益冲突。

（二）文化差异与文化冲突是产生社会冲突的又一根源

我国是一个多民族的国家，各个民族之间都有着不同的民族文化，文化差异与文化冲突是产生社会冲突的又一根源。不同的地区有着当地的特色民族文化。在水库移民的过程中也存在着不同地区文化之间的冲突，地区文化的差异有很多的表现形式，例如，生产生活的方式不同、民族传统文化的不同、生活习惯和生活环境的不同，不同地区移民的生活状态和生活形式的不同，日常交际形式的不同，等等，这些方面都可以展示出社区文化之间的差异。假如将存在这些差异的人们重新建构在一个社区时，社会文化之间的冲突就会很明显，冲突的种类也是不一的，民族文化差异的矛盾、交际活动行为差异所产生的矛盾、生产生活模式的不同所引发的矛盾，还包括行为习惯的差异所引起的相互生活无法融合的矛盾等。

库区移民安置完善后，移民依然坚持自己习惯的社会文化和民族文化，不能够接受和接纳安置区的社会民俗文化，就会出现较为严重的社区文化之间的冲突。一旦移民认识到或者是想通了应该要适应和接受安置区的文化，这个接受的过程就是社会文化逐渐趋于主导地位的一个过程，但不可避免的是，依然会存在文化选择当中的一个冲突。文化冲突在移民整体搬迁重建的过程中不会出现和存在，在移民地区安置中会时常发生，主要原因是整体的搬迁，在人际关系中没有什么潜在的区别，只是搬迁到一个全新的环境，社区成员之间的文化一致，不存在民族和文化之间的差异。如果出现文化冲突，也是在原有的社区文化与安置区的民族文化不能够相互融合的情况下，移民被打乱了分散地安置在了不同的区域。水库的移民以较少的数量到一个不熟悉的区域内去生存和发展，这个社区有原本的、固定的社区文化体系，移民只能用最短的时间去接受和适应新的文化，但很难将自己的社区民族文化融入安置区居民，也很难将自己的社区文化要素融入这个社区文化体系中去。

第二节　水库移民库区区域的文化因素分析

一、水库移民文化的构成及其特点

（一）水库移民文化的含义

库区移民文化是库区移民对世界、对社会、对资源、对文化的一种认识。库区移民文化是靠移民自身的劳动能力和双手所创造的物质财富和精神财富，是库区移民生产生活的一种习惯性方式。这种财富的收获，有着库区移民的欢笑和汗水。库区移民文化中还包含了移民的知识结构、生产生活方式、传统的民族文化以及道德观念等。

（二）水库移民文化系统的构成

库区移民文化的表达形式多种多样，可以根据移民原居住地到移民安置区的路途、距离的多少来进行表示，通俗的来讲就是可以分为在原居住地的基础上向后迁徙，这种形势下，移民的生活没有发生过多的改变，还有一种就是外迁型移民的文化系统。根据移民安置的不同方式，又形成了两种库区移民文化系统，一是集中安置的移民文化，二是分散安置的移民文化。库区移民文化从整体来分析，有三方面的切入点：第一，移民文化的物质层次，包括库区农村移民每天劳作必须使用的工具、房屋住宅等，物质文化是库区移民文化构成的基本；第二，移民文化的心理情感方面，主要指移民的风俗传统、个人情感和心态，这是移民生活中的自然情感流露，是物质与精神的高度融合，在移民文化系统中起承上启下的作用；第三，移民文化的更高、更深层次，是移民在现实社会中对经济发展、文化传承、环境的适应程度。其中,库区移民的价值观、世界观、思维方式、伦理观念、道德观念等,这些都是水库移民文化最为核心的部分。

外迁集中安置的水库移民和分散安置的水库移民,这两种类型的移民赖以生存的生活环境、社会环境、自然环境都发生了改变,原本的生产生活方式遭受到了冲击,就算可以延续原有的民族文化和生活习惯,也要花时间去了解安置区的民俗特色和宗教信仰等。虽然移民在很大程度上受到了新环境的影响,但是这种影响需要在原有文化的基础上进行升华,才能够形成文化演变,这种移民文化的发展是趋于稳定的。外迁集中安置的库区移民远离了长时间生存的环境,不再有土地作为发展经济的保障,不再有山明水秀的自然环境,其生产方式和社会环境都发生了明显的变化;分散性安置的库区移民,将原有的生存模式彻底打乱。这两类移民在安置区面临新的文化环境和新的社会群体组合时,外界压力冲击比较大。他们不得不尽快调整自身,以适应新的社会环境。这两种类型的移民文化需要在短时间内有一个明显的趋同变化。后靠安置的移民仍在水库周边地区生活,其生产生活的方式和习惯不会有明显的改变,只是自然环境发生了改变;集中安置型的移民以库区原居民组成一个新的群体集中在安置区进行生产、生活,即使其自然环境、社会环境发生了改变,但原有的邻里关系和人文环境优势仍然在很大程度上得以保存。

(三) 水库移民文化系统的基本特点

库区移民文化与传统的优秀历史文化,其本质没有什么区别,都是长期积累沉淀而成的。同样库区的移民文化也是在规范的历史条件下才形成的。移民文化也不是移民安置后期累积的,是原居住地的传统文化与移民安置区的新文化两者相互融合的共同产物,移民文化还有两方面显著特点:

(1) 稳定性与差异性。库区移民原本居住地的文化世代传承,早已生长在移民的心中,就算是库区移民迁徙使移民生产生活的方式和生存的环境都发生了天翻地覆的变化,开在心里的文化,是他们不可能去摒弃的。通常情况下,人们总是想要挣脱现状,在新环境中想要相互之间融合发展,在新环境中形成一种兼容模式,对原有文化传承和发展。由此可见,移民文化具有稳定性的特点。另一方面就是,库区移民搬迁打乱了原有的生产生活模式,在安置区相当于一切归零,重新出发,重组的体系形成了一种适应新区域的新文化系统,这种适应和重建需要较长时间,这表明了移民文化的差异性。移民文化的稳定性与差异性,在特定的情况和环境下有特定的表达形式,在不同的时间和空间范围下会有不同程度的反映，稳定性与差异性之间几乎是平衡的状态，或是一高一低的状态，但偏差并不明显。稳定性与差异性是相互依存、相互作用、相互影响的关系，在这种形式下，形成了一种新的移民文化模式。

（2）保守性与开放性。库区移民文化的相对稳定性使库区移民在安置区还能够保持和沿袭原有的文化特性，尤其是在移民的传统文化与安置区的民族文化不能够很好融合的情况下，两者之间不能够和平共处，移民对原有文化发生的变化本就无法释怀，需要时间去消化，出于本能对原有文化进行保护，避免外界不好的因素侵犯和影响，这就是移民文化的保守性。库区移民迁徙活动对原有的文化造成了严重的冲击。安置区各种类型的文化因素相继影响着移民的传统文化，尽管移民不愿意也拒绝接受，但是只是时间长短的问题，最终都会接受新文化或者被新文化所同化。这种演变不论是不是自愿形成的，能够看出，移民文化的系统就是开放的，只是开放的原因和程度不同罢了。

二、水库移民文化差异与文化冲突

（一）水库移民的文化差异

不同的民族之间都存在着文化差异，同样的库区移民之间也存在着明显的差异。从区域文化的层面来分析和看待这个问题，水库移民是因为兴修水利工程，所以移民不得不从一个区域文化向另一个区域文化之间迁移和转变，跨度大一点的，是从一个区位向另一个区位之间转移。区域文化的范围大到国家范围内，小到某个地区范围内的文化体系。库区移民的文化差异是文化的空间类型在空间地域中的聚集和凝固。汉族作为我国人口最多的民族，只是这一个民族就包含多种多样的区域文化，例如，关中文化、中原文化、燕赵文化、吴越文化、闽台文化、岭南文化等。从区域文化的层面来看，库区移民可以分为两种形式，一是区域文化内的远迁，二是区域文化外的远迁。但主要对区域文化内的远迁进行分析和探讨。

区域文化之间必然存在着差异，其中，跨区域远迁的库区移民在本质上就存在着区域文化之间的差异，同时还存在着原居住地所包含的区域文化与安置区所有的区域文化，两者之间存在着特别明显的差异性。这种差异可以分为两个方面进行表现，其一，两个区域文化之间的表象差异，也就是说，两个区域文化在物质文化现象方面有所不同。其中，非物质文化包括民间艺术、民间的风俗习惯、生产生活方式，行为规范、价值观、道德观等都有差异性存在。其二，两个区域

第七章 水库移民库区区域的非经济因素分析

文化的内在差异,简单来讲就是区域文化在文化的特征和属性下存在的差异。区域文化差异还可以体现在水库移民文化构成的三个层面上,即器物文化层面的差异、制度行为文化层面的差异和理念文化层面的差异。

库区移民迁徙的过程中,存在的文化差异不在少数,其中,大部分的差异对移民的整体范围和移民经济收入体系的稳定性没有什么影响,但还存在一些影响程度明显的差异。影响明显的文化差异主要分为以下六类:第一,移民生产生活方面的差异,特别是耕作方式上的差异,对农村移民影响颇深。移民迁徙后,移民劳作的土地质量和结构、劳作的环境、生产的劳动条件都发生了变化,导致了生产的耕作方式也发生了变化。库区移民的土地资源是移民世代生活赖以生存的保障,以种植农作物、小麦、玉米、红薯为主要生计,还种植少量的烟叶,属于在旱地中劳作,劳动力度并不是很强,但安置区与移民区恰恰相反,主要以种植水田为主,农忙季节整天赤脚弯腰的劳作方式,每天在田地里辛苦地劳作,这种形式与原移民区差别甚大,移民适应和接受都有一定的难度。第二,生活方式的差别,包括衣、食、婚丧嫁娶、生活习俗等。第三,交际活动中存在差异,民族语言沟通上存在的差异,行为习惯以及相互之间人际关系的处理差异。第四,思想文化的差异,世界观、价值观、人生观、思维方式等差异。第五,民族差异,我国是多民族大国,但库区移民大多都是少数民族,所以民族差异是当下库区移民文化中存在的一个比较棘手的问题。第六,宗教差异。

(二) 水库移民的文化冲突

文化作为国家软实力的形式存在,库区移民的文化差异,由于库区移民的迁徙而产生的文化之间的碰撞,就会引起区域文化之间的冲突。在库区的移民安置活动中,大多数情况下都会产生一种文化中心主义,这种文化占据移民的整体思想,也就是原有居民和移民之间总是有人主观臆断地去看待和评价对方的文化,认为自己的文化就是正确无误的,认为自己的思想是没有偏差的,认为原有形式下生产生活的耕作劳动方式、居住和饮食的习惯、审美的趣味性、宗教信仰、价值观、道德观等都是最好的,常常对对方的文化进行怀疑、否定以及敌视对方的文化。

文化中心主义是五千年华夏历史文明中人们所信赖的优秀历史传统文化。由于各方面因素的冲击,文化也有冲突矛盾,在移民区,因为民族差异和移民的生产生活形式存在的差异所引发的文化冲突需要格外地注意和重视。移民坚信文化中心主义的领导地位,不得受到任何外来文化侵袭,反映了移民思想的一致性。并不是所有的差异文化都会造成冲突。综合来看,器物文化几乎不会引发什么矛盾冲突。但狭义文化不同，狭义文化不包含经济关系与社会关系，主要是指民族传统、宗教信仰、风俗习惯、价值观、道德观等，一旦相互之间的关系调配不均衡就会引起冲突和矛盾。

库区移民文化的冲突不可忽略的一点就是移民与安置区居民之间相互已经成为习惯性行为方式的冲突。通常情况下，人是在相对熟悉和习惯的环境中才要求决定自己在新的环境中如何快速地融合与适应，习惯性行为遭到破坏和侵袭时，在日常生活中要不断摸索和适应新环境，慢慢改变自己原有的习惯性行为方式。其实，习惯性行为是历史性文化长期以来的一种累积，也是适应特定的、稳定的生存环境的一种方式，从其形成过程上看是一种群体性文化现象。如果在社会发展中，就只存在一种习惯性行为方式，那么，在习惯性行为方式基础上的文化冲突是不存在的。与之相反的是，移民社区的习惯性行为方式有很多种形式，这是因为库区移民与安置区居民之间存有明显的差异，这种差异包括，民族差异、职业差异、素质差异、文化差异等。

第三节　水库移民库区区域的社会心理因素分析

库区移民迁徙活动过程中，研究移民心理对顺利搬迁移民、实现移民经济的可持续发展具有极其重要的作用。我国兴修水利，大肆地开展水利水电工程，在项目的进行过程中，对移民区的经济可持续发展。近年来，大批量的专家和学者对库区移民进行了调查和分析，也提出了很多有建设性意义的方针策略。专家研究和分析的方向多是从库区的自然条件、生态环境、经济效益等对库区移民搬迁问题进行分析，很少涉及移民的心态。库区移民是一个庞大的工程建设，也是规模巨大、关系错综复杂、利益交错的社会系统工程。移民工程能否顺利开展和进行，受到了多方面的客观因素和条件的制约，还受移民的心态影响。移民心态构成了水库移民能否顺利进行的社会心理条件。

一、水库移民心理的一般分析

在一定的历史条件下，水库移民个体面临大致相似的环境改变和文化背景，也就必然体现出某些群体的心理特征。

第七章　水库移民库区区域的非经济因素分析

库区移民存在的最大问题就是移民搬迁是非自愿的，移民被政府管制，强制性地进行搬迁，不仅生产生活的方式进行了改变，民族文化和宗教信仰等也被迫发生了改变。水库移民心理的一般分析，移民心理都是不情愿的。综观全世界的库区移民工程，移民都是在被迫的情况下进行的。

通常情况来讲，水库移民的非自愿性主要有两种表现形式，第一，在国家政府的支持下有依靠性；第二，移民搬迁的消极被动性。其中，政府的支持是库区移民对工程决策者的态度，国家政府将承担移民安置活动中的全部责任，但愿政府能够切实地为库区移民办实事。搬迁的消极被动性，指的是库区移民对迁徙搬家的态度。迁移成本的巨大是造成消极被动性的根本原因。由于被动性、高依靠性都是水库移民的消极面，一是积极地引导加上激励性政策，二是强制性措施，这两种方法都既保证了移民无法再依赖又战胜了他们的消极性，但其结果却是造成了自愿移民与强制移民之间的区别。

二、水库移民心理的具体分析

对库区移民心理的具体分析发现，移民迁徙改变了移民的生产生活方式，大大地降低了经济的收入，剥夺了原有的土地优势。在整个移民活动中，以土地为主要依存的库区移民，他们心中的落差与不满等情绪都是复杂多变的。第一，库区移民是国家要兴修水利而强制性执行的，移民是在自身力量薄弱时，在逼不得已的情况下才进行搬迁的。他们对原居住地有超强的依赖性和习惯性。第二，移民迁徙后自然条件也随之发生了改变。特别是对农村移民来讲，赖以生存的土地与山林包括水资源的数量极速下降，还是朝着不好的方向变化，极大程度上伤害了移民的心理。第三，移民迁徙使原有生存环境中所依赖的社会关系被彻底打乱，新关系的建立需要一个漫长的过程。生产生活方式的转变和生活习俗与文化的改变会引起移民心理状态的变化。总体来讲，由于自然环境、社会环境、人文环境、生产习惯、生活习惯等的复杂性和多样性特征，造成了移民心理的变化，在不同类型的移民文化背景下，库区移民就会形成一种错综复杂、变化无常的心理状态。

（一）依靠心理

库区移民之所以会有一种依靠心理，是因为库区移民过分地依赖国家政府，他们坚信移民活动的实施，所有后果政府都会承担相应的责任，一切问题由政府来解决是正常的现象，这是移民长期以来的一种心态。但自发的移民形式就不能计入当中了。早在1994年，规模宏大且相当闻名的三峡水利工程，对其中的两个移民村庄进行了调查，关于移民致富的主要来源是依靠什么，移民给出的回答是，依靠国家补偿。

政府的全权包办会使库区移民过于依赖国家政府，而产生一种特别严重的惰性。库区移民的依靠心理已经形成了一种习惯，这种心理在移民搬迁、安置后会依然存在。因为这种政策的模式养成了移民的惰性心理，所以，政府的帮助应该是临时性的，在对移民进行帮助的过程中要杜绝移民有这样依靠的想法，即便是库区移民永远受国家政策的保护。库区移民的高度依靠心理归根结底是源于移民迁移的政府主导性，国家是为了补偿移民的损失，因为库区移民为了国家的工程建设做出了牺牲。所以说，政府与移民的利益连带关系永远都是复杂存在的，相互之间剪不断、理还乱，产生这种关系的因素有移民参与程度、政府对移民的包办程度、对未来的承诺高低、处理移民问题的方式等。

（二）攀比心理

库区移民工程在进行和完善的过程中，常会出现一种攀比心理。其实移民迁徙中，移民所得到和失去的东西是成比例关系的，甚至收获会大于失去，但移民心理不会去这样想，他们心中有一个比较的准则，会在心里形成一种落差，这种差距感就是由于盲目的攀比造成的。移民的攀比心理主要体现在两个方面，一是对自己库区的移民补偿与其他库区的移民补偿进行比较，移民眼中只能看到其他库区的福利待遇优于自己的库区，但忽视了虽然自己享受的补偿不高，但优惠政策可观的事实。二是客观因素，移民完全不会考虑到在搬迁安置后，因为能力差异与主观因素的不同，适应一段时间后，移民之间就会产生生产生活条件中的一些差异，这时，移民就会将一切原因归于客观因素，因为福利待遇的差异才导致生活水平差异，不会检讨是不是因为自己不够努力。移民之所以会出现攀比心理，是因为现实社会是在利益的驱使下发展的，攀比心理会影响移民工作的顺利进行。

（三）被动心理

移民会有被动心理和情绪的产生是因为国家政府为了兴修水利水电工程，要库区居民放弃原有的生活形式，做出牺牲。换句话来讲，经济利益才是一切事情产生和发展的原动力。库区移民是一个很麻烦的工程，一旦移民的经济收益还没有成本高，迁移的动力大大降低时，一切的工作还是需要在政府的支持下才能够进行，当然政府的态度也不可过于强硬，在移民不是自愿情况下进行的移民迁徙，很大程度上增加了政府的工作难度。

就算是移民搬迁安置中政府给予了丰厚的福利优惠和政策，但在根本上掠夺了移民长时间赖以生存的土地和环境，改变了移民的生产生活方式，被迫改变了历史民族文化，等等，这些都是不能够放在一起衡量的。这种情况下就产生了消极被动性。20世纪80年代以前的水利水电移民工程的实施过程中，移民几乎完全听从政府的安排，很少参与和提出可行性意见，这种库区移民问题一直延续至今，处理起来有很大的难度。

第四节 水库移民库区区域的环境因素分析

一、环境与水库移民经济

良好的环境是人们赖以生存的保障，库区环境的好坏直接影响库区移民的经济体系。环境是影响人类生产生活的根本，也是社会发展的影响因素。这种环境包含两个方面，一是社会环境，二是自然环境。其中，社会环境其实是在利益的驱使下，人类为了不断提高自己的物质、文化水平而创造的环境，比如说，城市建设、交通、历史文明古迹、工业等。社会环境问题主要是由于人口增长、城市化和经济发展引起的。自然环境问题是由自然的气象灾害，暴雨、台风等引起的破坏，也有可能是人为制造的，过分地砍伐森林、破坏生态环境而造成的植被破坏、土地盐碱化等。所以说，环境问题可以分为自然资源破坏和环境污染两种形式，环境保护也就相应地分成自然资源保护和防止环境污染两大类。当然，污染也是破坏，两者很难截然分开。

环境直接影响着人类的生存空间，人类一边破坏着环境，一边改善着环境。环境的好坏决定了人类的生活质量。人类在地球上得以生存有一个循环的过程，也就是人口—资源—经济—环境，这四者之间早已形成了一种相互制约、相互依存、相互影响的系统。当下，人类社会的环境正面临着非常严峻的挑战，现在，我国像北京、上海这些大城市已经开始进行个人形式的垃圾分类。国家大量地开展水利工程，所造成的水土流失和土地淹没，从根本上来讲就是库区移民生产生活所依靠环境资源的减少。所以说，移民既是对环境的挑战，又给塑造新环境创造了机遇。要注意爱护和保护生态环境，注重可持续发展，保障环境问题的长期治理。不论是何种条件下，发展是移民和移民经济的必然要求，要在环境可承受范围内进行发展。

二、水库建设与水库移民对环境的影响

（一）水利建设对环境的影响

水利水电建设对环境有正面的、积极的影响，也有负面的、消极的影响。正面的影响主要体现为水利建设通过对水文、水力情势的改变和工程的调控作用可以在很大程度上提高环境质量，这也是许多大型水利工程的重要功能之一。具体来说表现在以下几个方面。

（1）减轻旱涝灾害，提供较稳定的生产和生活环境。如三峡水库的修建将彻底改变长江中下游洪灾频繁的局面，即使千年一遇洪水，经过水库调节后，也不至于发生毁灭性的灾害。

（2）水电是清洁能源，与火电相比，基本不污染环境。我国是火电大国，而大型水电的供给将对火电产生替代效应，大大减少因火电造成的环境污染。

（3）提供或改善运输环境。如三峡工程建成后，万吨级轮船可直通重庆，大大提高航运效益。

（4）改善水质及供水条件。

（二）水库移民对环境的影响

库区移民搬迁安置的整个过程必然对本地区自然、社会、经济和生态系统产生深远的影响。库区移民的搬迁才是水利工程所引起的最重要的环境问题，这种环境问题直接关系到社会发展的经济、传统文化以及民俗习惯，这些都是受社会环境影响的。自然生态和环境的可承受范围，以及未开发的问题都与自然环境有着紧密的联系。环境为移民经济发展提供了一个新的契机，可以借此改善环境，使环境与经济协调发展，否则，水库移民将对环境产生负面影响。

（1）对土壤环境和农业生态系统的影响。我国土地资源分配不均衡，同时也是人口大国，人多地少正是我国当下的国情。加上国家兴修水库大坝，大面积淹没了可用的土地资源，加剧了人地之间资源的紧张，也加重了局部地区土壤环境的压力。目前，不少库区的移民人口都相当的稠密，绿色植被的过度开垦，造成了大规模的环境污染。水库的移民如果没有进行安置，就会造成和引发库区的滥垦乱伐及其他有关环境问题的恶化。库区环境正面临着严峻的考验，植被覆盖

率下降、水土流失严重，由于水库淹没、移民搬迁、城镇迁建、道路建设等占用大量耕地，造成库区生态环境进一步恶化，给经济发展造成困难以致影响社会安定。

（2）想要在库区发展工业，一定要选择在河流的下游位置，避免造成环境的污染，进而影响移民的生活质量，政府对移民搬入安置区后的生产生活也有了相应的规划和举措，一部分移民还是继续从事农业种植生产。剩余没有土地的移民政府鼓励开展第三产业的发展，比如产业种类多样化，多种经营和乡镇企业。但是，在移民安置中，规划兴建的一些产业多属于小规模乡镇企业，这些产业如无可靠的环保设备和防污措施，势必增加新的环境污染，甚至破坏附近生态。因此，为了保护库区生态环境，在库区相关产业的规划和企业的项目选择上，要注意以污染少、对生态与环境影响小的农副产品加工工业和旅游业为主，控制发展污染严重、对生态与环境影响大的工矿企业。要求采用技术先进、不污染或少污染的工艺和设备，严格执行国家颁布的有关环境保护的各项法令法规，避免库区生态环境受到污染和破坏。

三、环境对水库移民经济的影响分析

（一）初始环境对水库移民经济的先决性影响

所谓初始环境，是指水利工程建设和水库移民发生之前库区和安置区业已存在的自然与社会环境。水库移民经济之所以产生，是因为水利水电工程的建设，而水利水电工程的建设又取决于水利水电工程的整体环境，特别是当地河流流量、落差、地质、土壤、植被、气候条件等自然环境和区域社会经济状况等社会环境。毫无疑问，环境因素对水库移民经济具有先决性的影响。具体来说体现在以下几点。

（1）初始环境情况决定水库移民经济的规模。流域的地质等自然条件决定了水利水电资源的可开发利用程度，进而决定了水利工程的规模和水库移民的规模，也就决定了移民经济的初始规模和初始边界。

（2）初始环境情况决定水库移民经济的具体类型。库区和安置区的气候、土壤、生态、资源等自然条件和人口规模、垦殖程度、生产力水平、科技水平等社会条件，决定了水库移民可能采取的安置迁建模式和类型，是后靠安置还是外迁安置，是集中安置还是分散安置，是农村安置还是城镇安置，是农业安置还是非农业安置，等等。

（3）初始环境情况决定水库移民经济的结构与特征。库区和安置区的气候、土壤、资源、地理位置等基本的自然环境和经济发展水平、人口与劳动力规模、资本积累状况、生产力水平、科技水平、区位优势等社会环境决定了水库移民经济发展的初始条件，正是这些初始条件决定了水库移民经济基本经济结构和特征，如在三次产业之间如何有效配置各种生产要素，在大农业安置中农、林、牧、副、渔以及传统农业和现代农业如何规划，在非农业安置中各产业结构和地域空间结构如何布局等。

（二）二次环境对水库移民经济发展的重要影响

所谓二次环境，是指水利工程修建和水库移民迁建安置后，库区和安置区中被水利工程的修建和水库移民经济活动作用过的自然和社会环境。由水利工程和水库移民经济活动作用过的二次环境，产生对水库移民经济的发展可能有利有弊的影响。如因水利工程的建设，水库移民经济区域的区位优势和经济发展潜力可能得到凸显，道路、交通、通信、能源等基础设施的修建，水电、航运、旅游等优势资源开发及相关优势产业的发展，新的科学技术、生产技能和新的思想观念的传播，都可能给水库移民经济注入新的活力，带来根本性的变化。但与此同时，二次环境对水库移民经济的负面影响也不可忽视，人类在这方面有着惨痛的教训。如埃及的阿斯旺大坝因其景色景观而举世闻名，但阿斯旺大坝却给埃及人带来了灾难性的祸害，水库泥沙的淤积、渔业资源的丧失、介水流行病的传播等，把当地的移民锁定在长期贫困之中。

我国在这方面也有深刻的教训，如三门峡水库、澜沧江的漫湾电站。三门峡水库的修建使得渭河流域泥沙淤积严重，河床抬高而成为地上悬河，从而导致渭河一发洪水就冲出堤坝的情况，严重危害着关中平原乃至西安的安全。同时，关中平原的地下水无法排泄，田地出现盐碱化甚至沼泽化，粮食因此连年减产。而自漫湾电站建成投入运行后，漫湾水库移民就陷入了发展的"低水平陷阱"，根据水库移民专家何大明对漫湾电站进行的研究：库区淹没前，漫湾移民人均纯收入曾高出全省坝区平均值11.2%，人均产量高于坝区平均值63.5%。至1997年库区淹没后，据移民生产生活普查统计，库区人均纯收入水平仅为全省水平的46.7%。后靠移民与就地安置移民比建水库之前人均生产粮食减少四五百公斤，收入大幅下降，有的农民甚至靠捡水电站的垃圾为生。

第八章 水库移民经济可持续发展路径探索

水库移民属大规模非自愿经济性移民,必然涉及生产力布局与产业结构调整,涉及人口与资源的重新组合,涉及经济与社会的可持续发展。中国共产党十六届三中全会提出的"坚持以人为本,构建和谐社会,树立全面、协调、可持续的科学发展观,促进经济社会和人的全面发展",按照"统筹城乡发展、统筹区域发展、统筹经济社会发展、统筹人与自然和谐发展、统筹国内发展和对外开放"的要求推进各项事业的改革和发展的科学发展观是改革开放二十多年的经验总结,也是全面建设小康社会的必然要求。如何坚持科学的发展观,以一个长远的、战略的眼光来发展水库移民经济,是水库移民经济发展的最终目标和关键所在。

第一节 可持续发展的内涵与启示

随着第二次工业革命的兴起,人类进入电气时代,社会生产力大幅度提高,钢铁、石油、汽车、化工等重工业在此阶段迅速发展。伴随着全世界范围内的经济发展,支撑经济发展的自然资源也在以前所未有的程度被开发和利用。之所以把范围概括为全世界,并不是因为全世界的资本主义经济全面发展,而是因为殖民地的存在。而自然资源的过度消耗尤以这些殖民地最为严重。这是人类文明进程中必然出现的问题,这也是经济发展不可避免的负面影响。

一些老牌资本主义国家由于发展起步早,已经进入了资本主义成熟阶段,英国首倡的"先发展后治理"的政策在这些发达国家得到认可,这些欧美发达国家已经通过长时间的治理使自己国家的生态得到一定程度的恢复。但是,世界的发展并不平衡,以中国为代表的发展中国家正在飞速发展,同样地,在发展的过程中,也出现了资源消耗过度、生态环境恶化、城乡环境污染等问题,同时,随着世界大环境的不断稳定,人口急剧增加,臭氧层变薄致使温室效应加剧。这一切使人类的生存受到了挑战。

我们不能走"先污染后治理"的老路,人类是自然的人类,没有了自然,人类就会成为世界的孤儿。所以,对于发展经济,我们要认真地思考,寻求出一条科学发展的道路,可持续发展即科学发展观应运而生。可持续发展的现代形成条件是20世纪80年代所提出的《世界自然资源保护大纲》,实际上,这种理论基础更是中国古代哲学保持先进性的一部分,我国结合了发展中的具体情况,不断实践,不断思考,逐渐形成了今天的科学发展观。

一、可持续发展的基本内涵

(一)可持续发展的定义

可持续发展与其说是一种理论,不如说是一种精神。可持续发展是内核,可以发展出许许多多的表现形式。为可持续发展定义是一项艰巨的任务,也是一项简单的任务,因为在这件事上,要具体问题具体分析。可以说可持续发展的定义是不用统一的。普遍性的,可持续发展的定义被分为广泛性定义、综合性定义和科学性定义。科学性定义又可以细分成自然、社会、经济、科技等层面。下面,笔者将介绍几个比较重要、比较典型的可持续发展定义:

第一种,可持续发展是以发展为核心目标,通过可持续的手段使人类的生存得以延续。这一观点是可持续发展观相对较早的观点,主要倾向于经济学观点和生态学观点。毋庸置疑,可持续发展的本质就是解决经济发展和生态环境之间不协调的问题。许多专家都提出了相对具体的办法。比如:罗金以热力学知识为依据,阐明了经济发展带来的迅速增长的世界人口是影响人类生存质量的重要因素。所以他认为应该控制经济发展的速度和人口的规模,使得资源的消耗程度得到减轻,利用可再生资源对人与自然的关系进行调整。比如:戴利则认为可持续发展的任务是努力保证最多数量的人类的生存需求,为人类的生存空间和生存时间增量而创造条件。具体手段是稳定人口增长,达到人口零增长的目标。合理地使用资源,使资源的转换率提高而减少不必要的浪费,最大限度地减少对不可再

第八章 水库移民经济可持续发展路径探索

生资源的使用。这种方法属于"节流"法。再比如：巴伯直接把自己的观点总结成一条定义并阐述在自己的著作当中。他的观点倾向于以人为本，既保证人类的正常需求，也要使自然资源得到维持，由此产生的经济利益才是最大化利益，不能竭泽而渔，他的观点属于中规中矩的办法，只是不能快速、有效地解决社会发展与资源保护的矛盾。

第二种，可持续发展所追求的经济与自然之间的平衡，是一种具有时间性的平衡，时间性的含义是运动性的，即经济与自然之间的平衡状态并不是保持静止的状态，可持续发展的实质是发展而不是单纯的可持续。雷德利夫特强调经济与自然之间的因果关系，他发表过这样的观点：经济之所以能够正常发展，是因为人类从自然中获取了人类所需求的资源，不合理的、过度的经济发展必然会使自然资源得到破坏，这种破坏带来的直接后果就是生态种类量和生态差异量下降，从而影响生产，经济是社会的基础，经济生活的秩序混乱直接带来一系列的社会问题。所以，雷德利夫特认为，可持续发展就是为经济活动服务的，它的本质并不是以自然为世界的中心，可持续发展的提出也是维持经济生产、增强经济自我调节性和自我恢复性的手段之一。由此可见，可持续发展是一种经济政策，旨在增强和维护环境系统的生产能力和更新能力，从而提高经济与自然的契合度。可持续发展就是中国古代哲学中所说的阴阳平衡，可持续发展终究是维持人类的舒适感，是人类对这个世界的另一种思考。

第三种，以公平性原则为基础的定义。在可持续发展观中，有着三大原则，即持续性原则、共同性原则和公平性原则。这种定义方式就是将公平性原则扩大。公平性在这里并不是指绝对的公平，这里的公平指的是一代人和下一代人之间的公平。过度地消耗资源会对未来的人类造成生存危机，这种生存危机是社会意义上历史性的文明倒退，这种生存危机也是自然意义上生存环境的恶化。使未来人类不能享受到大自然的馈赠，对未来人类来说就是一种不公平。基于这种观点，布伦特兰给联合国环境与发展大会提交了一份《我们共同的未来》的报告，在报告中，他把可持续发展看成是一种既满足当代人的社会发展需要，又满足后代人对发展的需要。这个观点充满了人文主义精神，受到了世界上广泛的认可与赞扬。此定义被我国应用在人民教育出版社高中政治教材中。除了布伦特兰之外，蒂坦伯格也对公平性原则十分重视。他以社会发展的视角看待可持续发展，即社会要进步，下一代的发展超过上一代则是社会发展的正常规律，实行可持续发展的意义是使资源的利用趋于合理化，为下一代的经济发展提供条件。经济学家在可持续发展的问题上最有发言权，皮尔斯曾经说过这样一句话，可持续发展中的公平是追求代际公平，在发展当代经济的同时，要使下一代的发展机会不少于这一代。若自然资源受到不可修复的损害，则对经济生活和正常社会的运行产生巨大的影响。

1989年，联合国环境署理事会发布了一份《关于可持续发展的声明》，这份声明是世界发展不平衡的状态下，各方即发达国家与发展中国家之间的妥协，是能代表全世界政府的观点的。由于联合国的联系作用，使得这份声明受到全社会的关注，具体的可持续发展规划也被提到日程上来。在1990年第二次世界气候大会和1992年联合国环境与发展会议上，人们都选择了该声明中的定义为可持续发展的正式定义，这也从侧面表明了该定义的重要地位。接下来，笔者将对这个定义进行简单的解构和解读。

可持续发展看似是限制发展，实际上是为永久性的发展做尝试。竭泽而渔的发展方式所带来的严重后果只能由我们的子孙后代来承担。发展要求我们使用资源，但是如果没有新的资源被开发，这些基础的不可再生资源肯定是要被开采至枯竭的状态，所以要限制对资源的使用，为未来的人们生存状态考虑。但是以目前的世界发展状况来看，发展不平衡是最大的特点，通过第一次工业革命和第二次工业革命，社会生产力大大提高的欧美国家，利用成熟的资本主义制度，通过殖民主义、垄断资本主义积累了巨大的财富，从而使整个社会的发展水平得到提高，成为了今天人们所说的发达国家。这些发达国家已经度过了大量使用资源的阶段，英国甚至已经恢复了良好的生态环境。但是，广大发展中国家正处于发展阶段，限制资源的使用就是限制社会生产力，发展中国家的发展就会受到巨大的影响。可持续发展的本意并不是限制广大发展中国家的经济发展，更没有干涉其他国家主权的含义。联合国环境署认为，实行可持续发展是需要全世界人民共同努力的，国家之间、地区之间都要紧密合作。甚至一个国家内的各部分也要紧密合作。可持续发展的水平要统一，即全世界保持着一条标准线，这就出现了一个新的问题：国家之间发展不平衡，世界统一标准对发展中国家的经济影响该如何处理。最终国际上达成共识，发达国家有义务帮助发展中国家进行建设和提供支持。这一点才是可持续发展的精神所在，即思考全世界的共同命运。正是由于可持续发展带来的这种支援性质的国际经济发展大环境，发展中国家的经济发展没有受到限制，反而出现了持续性的增长。

可持续发展对自然的关注度其实很高，各个国家除了正常使用资源之外，已

第八章 水库移民经济可持续发展路径探索

经开始着手对自然资源进行恢复,这种做法虽然不属于"开源",也不属于"节流",但也是对这个世界负责的一种做法。

(二) 可持续发展战略

可持续发展是一个目的,但可持续发展更是一个过程,它提出的目的是为了改善人类生活条件,提高人类生活质量。对生态系统的保护,其实只是它的一个表现而已。可持续发展涵盖多个领域,不单单是经济领域,也不单单是环境领域,它包含着全社会的各个层级、各个方面,其追求的是全面发展。当然,社会生活、经济生活、生态和环境是最重要的四个组成部分,要注意四者之间的协调性。

不难发现,可持续发展包含着以下几点重要的内容:

首先,改变发展模式。过去单一的经济增长模式对生态环境的变化不加以重视,导致目前生态环境已经受到严重的损坏。这种发展模式的弊端要求,一定要改变传统的发展模式,提出或者说寻找到一条崭新的发展之路。

其次,资源型经济已经不适合可持续发展战略。要通过科学技术,把资源型经济转变成技术性经济。比如现在各个国家都在努力研究的项目——新能源的开发。除了发展社会经济之外,要了解资源和环境对人类发展的重要性,要做到经济效益、资源效益与环境效益相统一。

最后,调整产业结构,使产业结构得到合理的布局,并加大财政投入,以高比例的人力物力财力为产业结构的升级做支撑。以最高标准对待高新技术产业和高新技术科研事业,最终达到清洁生产的目的。清洁生产不仅指的是生产环节的低消耗和清洁能源的使用,人民群众也要做到文明消费,不产生不必要的垃圾。各企业在发展时也要做到提高资源的使用效率。关于这一点要紧密依靠科学技术,这样就能减少对不可再生能源的消耗。通过一系列政策,倡导、引导人民群众减少废弃物的排放。金山银山,不如绿水青山,只有自然与人类社会之间相协调,人类的社会才会在自然中更好地生存。社会经济的确需要发展,我们这一代人的需求虽然是最直接的,但是我们不能竭泽而渔,而对子孙后代正常的经济需求、社会需求构成威胁,这是人类文明延续的重要前提。

要着手建立一个可持续发展的、新的社会体系和与之配套的经济体系,也要建立一个与社会体系、经济体系相适应的、相协调的、可变化的、具有可持续发展精神的资源体系和环境体系。这里的资源体系和环境体系具体指的是怎样合理地使用资源和环境这些大自然的馈赠。这是可持续发展的战略目标。下面把这个战略目标进行具体分析。

　　首先，经济体系指的是能够促进经济发展，使经济发展在不破坏经济效益的情况下拥有较好的综合发展质量。建立起可持续的经济体系，才是新型的、有生命力的、适应时代要求的经济体系。

　　其次，经济与社会这两大因素要保持一个紧密的或者说更协调的发展关系，要提供一个强大经济基础，这个经济基础就是为可持续发展社会体系做铺垫。

　　再次，在第一点与第二点的基础之上，才能够做到经济发展与保护自然生态资源不矛盾、不冲突。这是解决现阶段发展的主要矛盾的重要手段。自然资源与生态环境的恢复，就是人类社会赖以生存的重要客观因素。可持续发展的生态系统拥有了新鲜的血液，就能够逐渐形成一种自我运行的良性循环体，进而才能更好地为人类发展提供帮助。

　　最后，要建立健全具有可持续发展精神的经济发展、经济管理、经济监督等一系列经济体系。

　　可持续发展的精神、可持续发展战略措施的实质，其实就是一种关乎政治、关乎经济的创新。这种创新，不仅是技术的创新，更是一种精神上的创新。接下来，将对这种创新进行具体的介绍和分析。

　　(1) 制度创新是一切发展的基础，制度是拥有指导性精神的因素。制度是实现发展目标的基本条件，只有拥有了与可持续发展相适应的基本制度，才能够使可持续发展顺利地进行。制度创新的基本定义是使创新者，或者说制度创新的主要受益人能够拥有制度之外的附加利益。对从前的经济体制改革及其旧的经济体制运行机制的改革是制度创新的主要内容和实质。制度的新旧更替是一种良性循环，它能够产生一种意想不到的效果。而制度创新终究是时代的要求，制度创新也是历史的必然要求。现在经常说，通过制度创新，能够促进一个地区、一个国家的经济增长，这是因为，制度创新使得制度获得了本质上的效率的大幅提高、交易成本减少，个人收益与社会收益之间的差异也会大幅减少。这样一来，提高了生产者积极性，个人或者组织在进行生产活动时就会产生主动性，使得劳动因素、资本因素、技术因素能够发挥出其最大的作用。甚至，很有可能促进市场因素的变革。所以说，制度创新最直接的影响就是大大提高了社会生产效率，使得在没有生产力发生改变的社会条件下实现经济的稳定增长和发展。这种制度创新理论无论是对历史上的美国、英国、荷兰等发达国家的经济增长，还是对当今中国近十几年来的经济增长的实践，都有很强的解释力。基于可持续发展的制

第八章　水库移民经济可持续发展路径探索

度创新包括：第一，在创建精神文明和物质文明的同时，还要创建生态文明；第二，建立节约型的社会制度，反对破坏生态和浪费资源，要保护好生态环境和自然资源；第三，要以可持续发展战略为指导，加强对经济的宏观调控，制定科学的产业政策，严格控制重污染产业、限制轻污染产业，促进无污染产业的发展；第四，加强生态环境评价和资源资产化研究，将资源与环境成本反映到市场价格之中，国家也应将资源与环境纳入国民经济核算；第五，最重要的是各级政府和经济管理部门要建立生态与经济、环境与发展的综合决策机制。

（2）技术创新是经济可持续发展的主要动力。从经济学的观点来看，技术创新不仅仅是指技术系统本身的创新，更主要是把科技成果引入生产过程所导致的生产要素的重新组合，并使它转化为能在市场上销售的商品或工艺的全过程。它包括市场调查、研究开发、工程设计、试制和生产过程、规模生产、技术扩散、市场营销等环节的全过程。科技与经济一体化的完整过程也是新技术与经济发展的有效结合与协调发展，它是一种经济行为，在本质上是经济创新。只有在预期收益超过预期成本时，技术创新才得以实现。所以，技术创新的根本目的是推动科技发明创造成果在生产中的应用，促进新市场的开拓，提高生产效率和效益，取得经济收益的最大化，实现经济持续增长。

（三）可持续发展指标体系

顾名思义，可持续发展指标体系的主要内容就是指标及数据。这些指标是制定政策的主要工具，其实际上是一种可靠的、有效的信息来源。之所以需要建立起一种关于可持续发展的指标体系，是为了能够拥有一种行之有效的、有着高程度操作性的和具有定量化特点的工作方法。可以通过这个体系来评价、考量、观察、预测一个地区和一个国家，甚至整个世界的可持续发展水平，为可持续发展工作提供辅助性和指向性的帮助。也能够通过可持续发展指标体系来分析具体的实践进程、实践效果和整体作用。只有对目标的观察、对信息分析和反思，才能够对日后的发展工作进行更好的指导和战略部署。

可持续发展指标体系的功能具体分为描述、评价、解释、预警、决策。

可持续发展指标体系一方面主要是时间性的指标体系。它能够间接或者直接地对社会、经济、资源和环境进行发展速度上的、发展方向上的分析和反应。另一方面，可持续发展指标体系也是拥有空间性功能的指标体系。比如对整体布局、整体结构的监测和观察。它也能够在数据上、数量上反映出可持续发展战略具体的实施效果。

水库移民库区区域经济发展研究

（1）对传统的GNP指标进行更新和改正，使得新的指标体系能够比较准确地反映出自然资源、生态环境的具体情况。可持续发展是对过去那些单纯追求经济增长，不顾一切后果的传统经济发展模式的批判。所以说，对可持续发展指标体系现阶段的主要工作就是思考怎么样改进过去的GNP指标。新的指标体系只有在掌握自然资源和生态环境的消耗情况之下，对其进行准确的计算，才能够为发展经济提供有效的参考。过去的GNP指标有着显而易见的缺点。关于这一点国外专家（萨缪尔森）就曾经提出过一个名为"纯经济福利"的概念。这一概念实际上就是用纯经济福利的先进内容来代替GNP指标的一些功能，甚至其全部功能。纯经济福利主要有两方面内容。第一，传统的GNP指标中，存在着一些影响国民福利增长的因素。这些损失费用或者说换算之后的经济价值是不必要的，在最新的"纯经济福利"中得到了正确的改正和处理，传统的部分及时地被淘汰。传统的部分具体指城市的交通拥挤、施工和交通带来的巨大噪声、环境污染尤其是空气污染和水污染、大量垃圾的无法处理等等。第二，纯经济福利指标新增加了一些不是靠单纯的市场价值就能够体现的因素。这些不具有市场价值的物品和劳动都在纯经济福利指标中得到了具体的明确。而这些非市场价值的因素主要组成部分有：家庭主妇的劳动、闲暇价值和一些不进入市场的物品，比如个人的兴趣爱好、自己家种的果蔬、义务劳动和支援劳动（支教）等等。

（2）利弗曼是关于可持续发展的著名专家。他曾经提出过关于可持续发展的基本标准。这些标准主要包括价值性、公平性、时空性、可控性、可预测性、可逆性、可用性、整合性和可获得性。这个标准体系是目前世界公认的标准，具有一定的权威性。

（3）关于世界银行的国家财富方法。世界银行是世界银行集团的常用简称，它是联合国的专门机构，负责经营国际金融业务，其实质是联合国的一个下属机构。世界银行主要由国际复兴开发银行、国际开发协会、国际金融公司、多边投资担保机构和国际投资争端解决中心五个成员机构组成。1995年9月，世界银行提出了一种观测和分析可持续性的方法。这种方法就是国家财富法，其目的是以国家财富的体积为主要参照标准，从而对世界各国的发展进行长远性的分析。世界银行曾经发表过这样的观点：自然资本、人造资本和劳动力资本是一个国家和地区所拥有的财富的主要组成部分。但是，不得不承认，这种分级方法是过于片面的。除此之外，社会资本也是一个国家和地区的财富重要组成部分。这种无形财富有时候在一定程度上更能突出一个国家和地区的价值。这些所谓的社会资本

第八章 水库移民经济可持续发展路径探索

包括着它的制度,政治制度、经济制度和文化制度全都包含在内。其他的社会组织、文化软实力、公共设施基础建设、共有信息、私人空间、公共空间等也在社会资本的计算范围内。世界银行关于社会资本概念的提出是具有时代意义的,也是具有历史意义的,尤其是世界银行对世界发展的主要贡献。除此之外,世界银行对于人类发展的最大作用和影响是成功建立了一个资产评估体系。这套体系依靠一个强大的、先进科学的计算方法。值得一提的是,计算方法和评估体系既是相互包含的也是相互独立的。世界银行依照普遍性原则将自然资本、人造资本和人力资本确定了一个比例(20∶64∶16)。该构成比例成为了一个标准的参考,使得世界上将近一百个国家和地区建立起了长达25年的时间序列。这些时间序列的具体作用是以动态的视角在整个财富范围内进行观察、分析和生成建议,使得世界范围内的大多数国家拥有了可以依靠的数据支撑和科学性的帮助。

(4)荷兰这个曾经单纯依靠商业就一跃成为世界性大国的国家,虽然在多次世界结构重组中都没能占有主要地位,但是由于荷兰的资本主义制度高度发达,到目前为止也是一个发展程度极高的发达国家,是西方十大经济体之一。荷兰建立了一套城市评价模型。这个城市评价模型是荷兰国际城市环境研究所的研究成果。在这个评价模型中,包含着许多重要的指标。人们可以通过这些指标来评价、分析和预测城市未来的可持续性。这些指标主要有:城市植被与资源的使用效率、资源的开发效率、城市的空间与具体的开放空间、城市经济发展的情况、城市文化、社会活动、公民的社区、社会的公平性及城市居民的生活福利等。由此可见荷兰的城市评价模型具有相当的科学性。

(5)可持续发展指标体系最主要的、最具有代表性的还是由联合国可持续发展委员会所建立的指标体系。这个指标体系一共有147条指标,能够适应不同国家之间的差异性。在一定程度上能够满足具体国情不同、发展条件不同、发展政策不同、发展手段不同、发展方向不同的不同国家的需要,是具有强大的包容性和灵活性的科学体系。普遍性地,它能为诸多国家未来的发展提供实际性的帮助。可持续发展指标体系是一种开放性的指标体系,其最大的特点是拥有菜单形式的外在表现。这样一来,"菜单"能够在各国的具体可持续发展实践当中,为其明确可持续发展的概念、定义、内容、分类,使各个国家和地区有一个统一的、标准的认知。在国际上,可持续发展就能成为一种标准化的、有联系性的、可对比的事业。在联合国公布的这个指标体系当中,充分体现了联合国的精神。强大的灵活性和适用性正是世界性的体现,即尊重特殊性原则来实现普遍性原则。在这个指标体系当中,还是以可持续发展最为典型的四个方面进行了分类,即社会、经济、资源、环境。

(6) 最后一点,我国的可持续发展指标体系。该体系是一个具有综合性的核算体系。它既包括社会经济这些传统的内容,也包括资源环境等时代性的内容。我国的指标体系有三个主要层次。第一层次是由经济、资源、环境、社会、人口和科教六个子系统构成的子系统层;第二层次为主题层,其主要功能是明确各个子系统的问题及下属指标的属性;第三层次为指标层,由具体指标和数据构成。该核算体系是由《中国21世纪议程》首先提出来的。需要阐明的是,核算体系就是世界范围上的、世界意义上的指标体系,只是称呼不同罢了。该核算体系的客观基础、应用前提是包含着自然资源的卫星账户系统。这种把自然资源和国民经济紧紧联系在一起的核算体系虽然不具有开创性意义,但是具有极强的科学性。该核算体系的建成是中国作为一个世界性大国的责任。至于这个体系的建立,应该突破、更新旧有的国民经济核算体系,把环境和社会因素重新纳入到国民经济核算体系之中。我国国家统计局科研所和21世纪议程管理中心进行合作,成立了一个名为可持续发展研究课题组的机构。该课题组把中国发展指标核算体系具体分为了两个支流,一条支流是描述性指标,另一条支流是评价性指标。具体来说,一方面,描述性指标是和联合国指标体系有着相同的菜单形式的。在这个体系当中,基础性指标是核心。核心周围围绕着各项统计指标,有着强大的集中性、包容性和内容性。另一方面,评价性指标。评价性指标的实质或者说其主要内容就是相对指标。这种相对指标是相对于基础性指标而言。评价性指标体系的主要工作就是对我国可持续发展的社会实践的具体状况进行具体评估。

二、可持续发展理论对水库移民经济的促导

水库移民其实质上属于经济活动,是一种以调整、变革为主要形式的经济活动。在实行具体的水库移民工作中,可持续发展理论是其最为主要的理论支撑,在遵循基本理论的基础之上,要实事求是,从水库的实际情况出发。

(一) 构建库区循环经济体系

在经济发展过程中构建出的一种依照自然系统中的物质循环的经济循环系统就是循环经济。除了自然生态系统中的物质循环,其能量流动规律也是经济系统的主要参照。循环经济系统主要指的是生态化设计、全过程的清洁生产、资源转

第八章 水库移民经济可持续发展路径探索

化率的提高和可持续性消费,是诸多因素的集合。构建库区循环经济体系的目的是为了实现水库废弃物的整体体积减小,废弃物的循环再利用和废弃物的无污染、无公害化,使得生态系统成为顶级系统,经济系统在生态系统中寻求发展。这样一来,两个系统既相互独立又相互包含,从而实现同步发展。

循环经济的主要原则是:减量化原则、再利用原则和资源化原则。其实质就是追求自然资源的高效使用,而高效使用的具体形式为循环利用。一个科学的循环经济架构是可以基本实现对资源的低消耗和低排放目标,也能够在原有的基础上提高整体经济效率。以循环经济为中心的经济增长模式是典型的带有可持续发展精神的发展模式。它批判着经济生产当中的大量生产、消费和浪费,它抗衡着传统的、无法适应时代要求的经济发展模式。由于历史的局限性和人类认知的历史性,在生产过程中,效益第一的概念长期存在着,资源被无节制地开发和浪费。资源开采、粗放经营、过度消费和大量废弃成为了传统经济发展模式的基本过程。与循环经济体系相比,两者之间有着本质上的不同,可以把传统经济看成是一种单向运动的线性经济体系。这种发展模式也必然走向被历史、被人类淘汰的命运。

地球已经46亿岁了,在漫长的发展过程中所形成的以矿产为代表的资源是如此的来之不易。但是,随着第二次工业革命的兴起,工厂得以进一步地发展,重工业成为了世界上最能代表国家实力的因素,对资源的需求程度达到了史无前例的地步,不可再生资源被消耗殆尽。自然资源在消耗与污染之间恶性循环,本来属于自然生态中的资源在经过人们使用之后,成为了一种垃圾,这些垃圾得不到及时的处理,经年累月,不仅污染着环境,而且还威胁到了人类的生存,一项又一项的研究报告显示,人类的生存环境正在以惊人的速度恶化。传统经济发展模式中,一次性利用成为其主要特征,虽然有着技术发展不如现在先进的原因,但不可否认的是,这种竭泽而渔的发展模式已经造成了资源枯竭的客观事实。福兮祸之所倚,祸兮福之所伏。在获得了巨大的物质财富的同时,实质上,对我们人类而言,一场灾难正在悄然来临。

建立健全一种循环经济体系就是及时解决传统生产模式带来的一些系列问题,只有对物质资源循环利用,才有可能延长地球以不可再生资源为主的资源寿命,才能使人类的生存发展环境得到基本的保障。所以,经济生产活动必须遵循自然生态的根本原则,使过去的单向性线性生产模式转变为循环生产模式。循环生产模式的主要流程是资源开发、清洁生产、绿色消费、资源循环、再生利用。

这种生产模式不仅能够减少生产废弃物的产生，还能够有效地对自然资源的开发进行合理控制。按照国际通用的"3R原则"，理论上，一切物质能源在循环经济体系中都能够实现持续性的使用，使人类经济活动带来的对自然资源的负面影响得到减少，为自然资源的自我恢复提供条件。在这里，环境合理性和经济效率性得到了有效的结合，传统的由人类生产和消费而产生并激化的两大问题——资源耗竭和环境污染得到了有效解决。

循环经济为水库移民经济走向可持续发展经济提供了可能的理论范式，能够从根本上消解库区长期以来环境与发展之间的尖锐冲突，实现经济与生态的和谐发展。库区发展循环经济的路径主要有：第一，借鉴发达国家的经验，加快制定必要的循环经济法律法规，包括环境税费制度、财政信贷制度、排污权交易制度、环境标志制度等，通过法律法规对循环经济加以引导和规范，坚决杜绝短期行为；第二，倡导清洁生产并建立绿色利润制度，引导企业转变传统的经营理念，摒弃线形经济发展模式，按照循环经济的要求，实现企业发展模式的根本转变；第三，提倡绿色消费，宣传普及生态知识、循环经济知识，引导社会公众树立现代生态价值观，倡导文明的生活方式和绿色消费理念，让消费者自觉选择环境无害化产品，抵制非环保产品，厉行节约，避免过度消费和盲目消费；第四，充分发挥科技作为第一生产力的作用，建立库区"绿色技术、信息技术、能源综合利用技术、回撑体系"，包括清洁生产技术、回收和再循环技术、资源重复利用和替代技术、环境监测技术以及网络运输技术等，以支撑库区循环经济体系的建立健全；第五，建立库区生态工业园区和生态生活区。

（二）大力发展库区绿色经济

绿色经济的精神要求在尊重以人为本的原则上，同时兼顾自然规律。可以实行一箭双雕的方法，兼顾经济效益与自然效益，使得经济效益与自然效益共同发展。一方面，城乡同步，保护和修复自然环境；另一方面，大力发展绿色产业，提高自然的反向经济地位，人们对自然产生一种新的认知，一种与时代特征相协调的认知，使得自然资源、生态环境、绿色产品、资源再生、循环利用这条产业链不断完善与发展。这是世界性的、人类的统一认识，人类、自然、经济、社会是相互依赖、相互影响的，缺一不可。

绿色经济的基本内容如下：

第一，以人为本的含义并不是以人类为地球的中心，其含义是要关心人、理解人、尊重人，以此为基础不断满足人类的全面需求，使人类的全面发展成为不

第八章 水库移民经济可持续发展路径探索

远的现实。人类最根本的需求是生存，人类的生存环境是社会环境，但是，社会的生存环境是自然环境，从这一观点出发，人与自然之间的"以人为本"指的就是不断追求人与自然、人与社会、人与人之间的各种层级关系的和谐。以人为本也是发展绿色经济的根本要求，以人为本的绿色经济思想是追求经济发展中拥有一种可持续发展精神的发展状态，并形成一种发展习惯，使经济得到发展，人民生活得到改善并不断富裕，使自然生态环境得到改善和恢复。这才是现代的、文明的发展方式。

第二，绿色经济的发展基础是绿色生态环境的恢复和再建设。绿色生态本来就是大自然的原本面貌，人类也原本是生活在绿色世界的一部分，从原始人到现代人的演变过程中，人类是从大自然中汲取营养，获得保护。在人类的发展历程中，大自然是人类的宝藏，衣、食、住、行，方方面面都是从大自然中获取而来。而对人类文明史进行反思发现，从来人类都是从大自然中"得"，似乎从来没有为大自然而"舍"，人类要想继续发展，就必须回报大自然，使大自然保持原有的状态，就好像人类不会喝泥潭中的水一样，人类必然也不愿意接受自然恶化带来的难以修复的，甚至不可修复的后果。所以说，绿色经济的最直接表现并不是经济，而是生态，这也是绿色经济的意义所在。

第三，绿色经济是以绿色生态为基础、以绿色产业为主要发展内容的经济形式。顾名思义，绿色产业就是环保型产业、无污染产业的总称，当然，更多情况下，这些特点都会集中在具体的绿色产业上，回收处理与再利用是解决生产垃圾、减少资源损耗的有效方式。绿色经济能够保持自然生态链的完整、促进自然生态链的自我修复，在人与自然之间创造出一种良性循环体系，这样一来，就实现了建立自然循环系统、生产循环系统、人与自然循环系统的三大循环体系的目标，使三者相互独立、相互作用，使大自然的生命力得到提高。

第四，促进绿色产业链的形成和应用，完善产业链中自然资源、生态环境、绿色产品的资源再生、废物利用、首尾循环等主要环节，时时刻刻谨记可持续发展的核心精神，使绿色经济成为可持续发展的主要内容和代表。绿色经济要求我们尊重自然规律和生态原则，既要控制环境容量，也要科学使用自然资源，要在生产的第一环节中做到网开一面。在生产过程中，一方面要清洁生产，另一方面要废物回收，首尾兼顾，做到真正意义上的绿色循环生产。此外，也要重视资源的再生，资源的再生是资源利用的前提。在提高经济质量的同时，节约生产成本，延长资源再生的期限。绿色经济的终极目标是使经济效益、社会效益、环境效益同步发展，和谐发展。

库区绿色经济的具体发展措施如下：

第一，当务之急是帮助企业转变发展观念，使人类的主观能动性得到发挥，使旧的、传统的发展观念被淘汰。在可持续发展精神的指导下，绿色经济发展意识是帮助人们进行产业结构优化的重要手段。意识在人的大脑中一般是比较顽固的存在，一个人的某一种意识一旦形成，就意味着难以改变，甚至是无法改变。这种长期存在着的意识是需要通过客观存在的刺激而作用的。从我国实际情况来说，在发展绿色经济的过程中，一些领导者尚且不能领悟到新型经济发展模式的重要意义。他们把经济增长和发展混为一谈，实际上经济增长只是发展的一个方面；他们习惯性地追求经济增长速度，而忽视了经济发展质量和经济发展过程中所面临的和所带来的一系列问题；他们习惯性地以自然资源、生态环境为代价，单纯为了促使经济产值的提高，出现了影响至今的浪费和污染等问题。这些观念有着历史性的局限。要想发展绿色经济，首先就要使绿色经济的观念在人们的大脑中生根发芽。

第二，要加快转变经济增长方式，使集约型经济增长方式成为主流的经济增长方式，使我国传统的工业发展得到彻底地更新。在这一进程当中，提高产业的生产质量和经济效益是核心任务，在完成这一任务的同时，要做到基本的保护环境和节约资源，这也是在可持续发展战略指导下的必然要求，进一步保证绿色经济产业链的正常运作，使得绿色产业进一步发展。在宣传导向上，一方面倡导产业绿色生产，另一方面倡导消费者绿色消费，其实，这也是为转变经济增长方式添砖加瓦。

第三，多视角、全方位地发展绿色产业。要建设库区的绿色园区，逐渐地使绿色园区取代传统的工业园区，并促进绿色产业延伸功能的扩大，以绿色产业为中心，使得周围城乡与绿色产业的发展精神相一致，使得企业生态化与城乡生态化相协调，使生产、生活绿色化同步进行，毕其功于一役，使整个地区成为绿色地区。对于那些在历史上为我国做出过巨大贡献的传统、老旧工业（重污染企业），要积极引导、积极帮助其实现向绿色产业的转变。对于时代特点鲜明的夕阳产业，要为其进行产业转型提供条件，使其重新获得生机。此外，库区在某种意义上是一个整体，要严格地遵守可持续发展原则，使整个库区的社会、经济、环境、资源和谐共存、和谐发展。另外，环境美化工作也是一项具有重要意义的工作，增加植被覆盖率，使得库区周围生成新的绿色生态带，为库区的绿色发展提供一些辅助性的帮助。

第四，加强法律的作用，引导和监督库区企业进行清洁生产，为其先进技术和设备的引进提供适当的政策扶持，使得库区企业既实现了环境效益的获得，也能够实现经济效益的稳定增长。绿色经济能够帮助库区产业实现不增加能源消耗的产值增长，实现不增加污染排放和不继续污染自然环境，实现废弃物尤其是能源废弃物的循环再利用，从而降低生产成本。库区绿色经济发展主要依靠的法律有《环境保护法》《清洁生产促进法》《水污染防治法》等。

第五，在实践中不断总结经验，积极与国内相关行业进行交流，积极听取专家建议，尽快建立一个完善的我国国民绿色经济核算制度，为绿色经济的发展提供数据上的帮助，通过宏观的调控使我国绿色经济在整个经济体系中占有主要地位和导向性地位。

(三) 实现移民人力资源可持续发展

人力资源通常是指一定范围内的人口总体中具有劳动能力的人口，它是以劳动者的数量和质量表示的，存在于人的自然生命及总和中的一种国民经济资源，其基本方面包括人的体质、智力、知识和技能等部分。应该看到，人力资源一方面是社会经济可持续发展的关键因素，另一方面人力资源本身也存在着一个可持续发展的问题。人力资源的可持续发展就是将目前的人力资源开发与长期的资源储备紧密结合起来，既满足当代社会经济发展对人力资源的需求，又形成一种良性的人力资源生成机制，使之始终处于充裕状态，并促进地区经济的持续、健康、快速发展。

目前，水库移民人力资源可持续发展还存在着许多不容忽视的重要问题。首先，移民人口众多，但移民人力资源并不丰厚，要实现人口资源优势向人力资源优势或人才优势转变还需要很长的时间。其次，移民人力资源的多数量与低质量并存，并且随着经济与科技发展的加快，移民人力资源素质低下的问题将会变得更为突出。人力资源质量不高、劳动力整体素质偏低、人才稀缺的现状严重制约着库区社会经济的可持续发展。再次，移民人力资源开发程度较低。由于资金投入不足，库区教育发展滞后，移民大多生活贫困，无力承担人力资源开发的相关投资，结果导致移民人力资源开发程度低下。最后，移民人力资源结构不适应经济结构的要求，人力资源利用效率不高。

实现移民人力资源的可持续发展，要做到以下几点：第一，转变观念，确立人力资源开发优先的战略。第二，根据库区实际，建立"人口—教育—就业—培训—可持续发展"的一体化人力资源开发战略，走具有库区特色的移民人力资源可持续发展道路。第三，做好移民人力资源系统规划与宏观调控。人力资源的形成与发展是一个不断生长、更新与衰退的动态过程，对人力资源的开发与管理需要全面系统地规划和调控，既要有近期、中期和长期的系统规划，又要有人力资源优化配置的具体方针，还要有对人力资源未来发展的预测分析。第四，必须坚定不移地推行计划生育政策，严格控制库区人口增长，为库区人口素质的改善和质量的提高创造良好的数量前提。第五，大力发展库区教育事业，深化教育体制改革，把发展教育放在库区社会经济发展的首要地位，着力加强基础教育，发展中等职业教育，适度发展高等教育。第六，加强移民培训工作，结合库区实际，逐步建立多形式、多层次的全方位培训体系，大力加强职业技能培训，不断更新和提高广大移民的知识与技能。第七，努力增加就业机会，促进农村剩余劳动力向城镇合理转移，实现农业内部劳动力的优化重组，使广大移民实现充分就业。第八，大力推进劳动就业制度的改革，尽早建立健全移民劳动力市场，促使移民劳动力的合理流动。

（四）推选库区和社会建设

和谐社会是指社会系统中的各个部分、各种要素处于一种相互协调的状态，包括人与自然之间的和谐，人与人之间的和谐，人与社会之间的和谐，人、社会与自然之间三者之间的和谐。

和谐社会是库区社会经济发展的宏伟蓝图。根据库区目前社会经济发展的情况，笔者认为，构筑库区和谐社会要重点关注以下几个方面的问题：第一，扩大移民就业，增加移民收入。就业是库区民生之本，必须把扩大就业放在社会经济发展的突出位置。要坚持在发展中解决就业问题，逐步确立有利于扩大移民就业的经济结构和增长模式，形成更多的就业增长点。要落实移民就业与再就业的各项优惠政策，认真解决就业困难移民的就业问题。第二，高度重视并着力破解库区"三农"问题。一方面，要巩固与加强库区农业的基础地位不动摇，要在市场化、信息化和生态化协调发展的大格局中，创建农村和谐社会模式；另一方面，要通过工业化和城市化，实现大量农村移民的永久性转移，并按照统筹城乡发展，使城乡发展相互促进、相互协调，实现城乡发展一体化的要求。第三，建立健全库区社会保障体系。既要逐步扩大保障的覆盖面，合理确定保障水平，实现库区社会保障的可持续性，又要高度重视理解农村移民的生活困难问题，推进新型农村合作医疗改革，建立移民最低生活保障制度。第四，加快库区科技、教育、文化、卫生、体育等社会事业的发展。要加大对重点领域的科技投入，加快普及九年义务教育，加强基层群众文化阵地建设，建立和完善疾病预防控制体系和医疗救治体系，努力改善库区农村医疗卫生条件。

第二节 水库移民经济可持续发展架构

一个国家或地区经济的发展必须立足长远，着眼未来，坚持可持续发展的原则，这是现实提出的必然要求。水库移民经济的发展同样也必须坚持科学的发展观，移民模式的选择、区域经济结构的调整、人力资源的开发、移民安置区基础设施以及法制化建设等都必须坚持可持续发展方式，才能兼顾经济、社会、环境等多方效益，保持移民区长期、稳定、持续有效的发展后劲。

一、水库移民经济可持续发展的意义

坚持以人为本，构建和谐社会，全面、协调、可持续的科学发展观，是我们党以邓小平理论和"三个代表"重要思想为指导，从新世纪、新阶段党和国家事业发展全局的高度提出的重大战略思想。

坚持以人为本，构建和谐社会，就是要以实现人的全面发展为目标，从人民群众的根本利益出发谋发展、促发展，不断满足人民群众日益增长的物质文化需要，切实保障人民群众的经济、政治和文化权益，让发展的成果惠及全体人民。

全面发展，就是要以经济建设为中心，全面推进经济、政治、文化建设，实现经济发展和社会全面进步。

协调发展，就是要统筹城乡发展、统筹区域发展、统筹经济社会发展、统筹人与自然和谐发展、统筹国内发展和对外开放，推进生产力和生产关系、经济基础和上层建筑相协调，推进经济、政治、文化建设的各个环节、各个方面相协调。

可持续发展，就是要促进人与自然的和谐，实现经济发展和人口、资源、环境相协调，坚持走生产发展、生活富裕、生态良好的文明发展道路，保证一代接一代地永续发展。

可持续发展具有地域性、阶段性和层次性。这就是说，不同的地区具有不同的环境时空背景,也就必然存在着不同的可持续发展模式和内容(即地域性)、发展起点(即阶段性)以及可持续发展水平(即层次性)。如发达国家与不发达国家、城市与农村、干旱区与湿润区、山区与平原等的环境与社会背景千差万别,因而,它们的可持续发展也必然有不同的基点、内容和途径。虽然其可持续发展的主旋律与最终目标是一致的,即维持人—地关系和人—人关系长期的、持续的局部与整体的统一与协调。

水库移民是由国家(政府)主导的大规模非自愿经济性移民,是人类有组织的自觉行动。这类社会行动从持续性和可持续性两个方面来认识,有三层含义:第一,它在整体上具有随着人类自身经济社会发展需要而持续性发生的特征;第二,它是一个动态的过程,并因"开发性移民"方针政策的实施(前期补偿、后期扶持)而表现出持续性的特征和价值取向;第三,它的发生是国家(政府)追求和实现可持续发展目标必然产生的整体效应的重要组成部分,因而必然同步和同时具有实现可持续发展目标的主题。

二、可持续发展与移民模式选择

水库移民是一项非常艰巨的任务,对水库库区移民的安置历来是水库淹没处理的核心,也是水利水电建设中的一个制约因素。对库区内的移民如何安置,使其生活水平在搬迁之后不低于搬迁之前,并使移民的生产、生活得以迅速恢复和质量稳定提高,在很大程度上关系到库区经济和社会的顺利发展。纵观我国的水库移民史,水库移民安置工作大致经历了两个阶段。20世纪80年代以前,水库移民仅以单纯性的补偿安置为主,由于缺乏详细的移民安置规划以及补偿标准较低等原因,产生了较多的遗留问题。80年代以后,通过对以往经验的总结,水库移民安置理论逐渐完善,移民安置工作从单纯性的补偿逐步转变为开发性的移民安置,把移民安置与地区经济和社会发展规划以及生态建设结合起来,通过移民安置促进地区经济和社会发展,为库区的可持续性发展创造了良好的开端。

以可持续发展观为指导思想的库区移民安置虽然不能回避非自愿性移民安置的补偿或救济性质,但这种补偿或救济不是移民安置的全部内容,甚至不是安置工作的最终目标。注重发展性安置多于赔偿性安置,集生活安置补偿、经济发展支持、移民社区建设和安置区环境创新四位一体是新的开发性移民安置模式的核心内容。该模式强调对人力资源、自然资源和社会资源综合开发,力图做到移民安置、经济发展和增强移民自我发展能力的协调，即形成"让移民在安置中求发展，在发展中实现可持续安置"的良性循环机制。

三、可持续发展与区域经济结构调整

不论是后靠安置还是外迁安置，移民从淹没区搬迁到移民区，都与当地的原有居民共同组成了一个新的社区。这一区域的经济增长和经济结构调整问题是移民经济可持续发展的历史机遇和核心内容。水利工程作为国民经济的重要基础设施，其建设的目的是为了促进区域经济社会的快速发展。移民是区域社会的特殊群体，因此，绝不能简单地把移民发展与区域经济社会发展隔离开来。仅靠有限的移民资金难以使移民的生产生活得到及时恢复和发展，这样势必拉开移民与非移民的差距。因此，必须抓住移民搬迁的历史机遇，把移民经济社会发展纳入区域经济社会总体发展规划，在移民的搬迁安置、后期扶持和遗留问题处理中，不仅要使移民群众恢复原有的生产条件和生活水平，更重要的是要为移民的生存发展创造有利条件和留有空间，以保证移民问题的妥善解决和区域经济社会的协调发展。

四、可持续发展与移民人力资源开发

人力资源是指发展经济和社会事业所需要的具有必要劳动能力的人口，劳动能力是指劳动者智力与体力的有机结合。移民人力资源开发应该做到：

（一）确立人力资源开发优先战略

在过去很长一段时期里，水库移民过程中往往有意无意地采取工程优先的战略，而忽视了人力资源的开发和教育的投入。客观上，在项目初期，迁入的人口较少，教育的需求压力并不是很大；主观上，在项目建设中人们往往较多地重视工程，在项目进度的控制上也是以土地开发和迁移人口的数量为标志，传统的开发计划中甚至没有教育项目。由于客观和主观的原因，教育投资不足或不及时的问题在各安置区都很突出，人力资源开发没有得到应有的重视。因此，移民人力资源开发应首先转变观念，确立人力资源开发优先的战略。

（二）完善移民项目设计计划

在项目设计中增加与人力资源开发相应的内容，与项目同步实施。在规划的指导思想上确立"宁肯少开一点地，也要多培养一个人"的观念，强调先培训后移民，与骨干工程一样确保教育资金及时、足额到位。

（三）重构多元智力投资机制，完善库区教育体系

首先，在教育指导思想上应以培养本地建设和发展所需要的初中级管理人员、技术人员和具有一定文化素质并有一技之长的劳动力为目标。其次，以发展的眼光尽快制定并逐步完善符合库区实情的地方教育体系。根据库区的需求和可能，这一教育体系应是初、中等基础教育，中等专、职业教育，短期技术科普教育和其他教育四位一体。再次，构建多元智力投资机制，调动社会各方面、多层次投资教育的积极性。最后，中等专、职业教育和短期技术科普教育的专业、内容设置应服务于本地经济社会发展战略，既能为发展地方能源、化工、建材、建筑等行业提供适用技术人才和熟练劳动力，又能积蓄库区建设所需要的地方技术力量。

五、可持续发展与移民安置区域基础设施建设

水库淹没涉及城镇、工矿企业、公路桥梁、港口码头、邮电通信、广播电视以及文物古迹、风景名胜等。在水库淹没处理中，这些受淹城镇、工矿企业及公共设施都不是简单地还原复制，而是依法在淹没补偿的情况下，结合实际条件和发展需要，把淹没迁建与更新改造、恢复重建与发展要求有机结合，统筹规划，合理安排，分期建设，逐步发展。

（一）城市集镇

城（集）镇通常是某地域一定范围内的政治、经济、文化、交通的中心，是各种资源、商品、信息、技术、服务和劳动力等要素的集聚中心。发展城（集）镇，可利用其人才、技术、资金、信息和市场等优势，大力发展第二、第三产业，拓宽移民安置的环境容量，为移民提供广阔的生存和发展空间。为土地受水库淹没影响的城（集）镇重建必须坚持可持续发展的原则，对迁建选址、经济性质、规模布局、发展方向以及基础设施和公共建设等，依照国家法律法规进行认真规划，在满足淹没迁建要求的同时，充分考虑后续发展余地。

（二）工矿企业

工矿企业有两部分：一方面是被淹工矿企业的搬迁建设，另一方面是为安置移民兴办的第二、第三产业。由于历史原因和条件的局限性，库区淹没前的工矿企业多数是设备陈旧、工艺落后、产品销路不畅、效益不佳，甚至耗能、耗材、污染严重的中小型加工作坊。水库淹没给这些工矿企业的恢复发展带来了难得的机遇，库区的工矿企业应严格按照国家现行政策，走新型工业化道路，"坚持以信息化带动工业化,以工业化促进信息化,走出一条科技含量高、经济效益好、资源消耗低、环境污染少、人力资源优势得到充分发挥的新型工业化路子"。在可持续发展观的指导下,库区企业应结合搬迁进行更新改造和企业重组,技术要上档次,产品要适销对路,并在淹没补偿的基础上,由机构提供专项贷款,政府实行对口支援以及各种优惠条件,使工矿企业能以市场为导向,淘汰落后产品,争创名优产品,在新的环境中发挥经营效益,并创造更多的就业岗位,吸纳移民和当地劳动力就业,同时带动和扩展相关产业的发展,使库区产业结构逐步合理化。

（三）专业设施

各项专业设施淹没后的恢复重建应结合需要进行,比如提高等级,扩大规模;或者使发展方向更趋合理,功能更加完善。库区的交通问题是地区经济发展的"瓶颈",是库区封闭落后的重要原因。因此,从长远角度看,以道路交通建设为先导,加大道路建设力度,对改善投资环境、发展外向型经济、加速城市化进程、扩大环境容量与移民安置以及维持区域可持续发展皆具有深远的战略意义。除此之外,通信、供水、供电条件的改善将改变库区长期比较封闭的技术、资金的引进和落后状况,沟通内外信息交流渠道,为人才、产品及劳务的输出提供较好的硬环境,便利"科技、文化、卫生",促进库区人民文化素质和健康水平的普遍提高,为库区的三下乡经济的持续发展提供广阔的空间。随着改革开放的不断深入和农业生产商品化、社会化程度的逐步提高,水库淹没后的城（集）镇和居民点建设布局、产业结构的合理调整、生产力的优化配置以及各项硬件设施的配套完善和各项软环境条件的扶持优惠,都将显示越来越重要的作用,也将有利于库区社会经济的可持续发展。

六、可持续发展与移民经济开发的法制化进程

与水库移民相关的法律法规主要体现在征地及移民安置这两个方面。中华人民共和国成立初期,我国就陆续颁布了《国家建设征用土地办法》《国家建设征用土地条例》《土地管理法》等一系列法律法规。然而,我国目前正处于经济转轨时期,计划经济条件下形成的征地及移民安置的主要法律制度与市场经济建设不同步。与当今征地和移民安置工作实践相比,法律制度亟待改革。

第三节 水库移民经济可持续发展战略

水库移民经济的可持续发展在战略目标、战略重点、战略步骤以及战略措施上都有着自己独特的特征。

一、战略目标和战略重点

项目可持续发展战略实施以后所要取得的最终目的指的就是战略目标。前文中已经提到，在广义视角下，可持续发展的战略目标是构建和谐的经济体系与社会体系，并保障资源与环境的可持续利用。战略重点可以看作是战略目标的细化与具体化，项目不同时期、不同阶段的侧重点，就是战略要实现的重点目标。

（一）战略指导思想

水库移民经济发展的过程中，要顺应当前经济社会发展方向，以此作为战略发展的重要指导，坚持"开发性移民"方针，将重大的战略思想"科学发展观"体现出来，以移民的根本利益为出发点，将开发的重点工作放在人力资源的培训上，重视移民物质文化的需求，保障移民收入，坚持"五个统筹"，对库区生产力与生产体系进行维护与协调。严格把控政治文化发展的各个环节，重视库区经济的协调稳定发展。在"可持续发展"思想的引领下，打造库区移民全新生活模式，开辟库区移民经济可持续发展新篇章。

（二）战略目标

受到可持续发展内在要求与移民工作最终目标的影响，对水库移民经济的可持续发展战略目标提出了几点建议。

一是在库区综合实力上，可以按照"阶梯式"不断提升。

二是库区在发展过程中，难免会遇到一个"瓶颈期"，库区要在克服瓶颈的过程中采取有效的手段。

三是在对库区经济系统进行整合方面，要做到高质量。

四是要全面优化移民生活的质量。

五是确保库区的各方面能力以及社会发展水平能够稳步提升。

实践过程中，可以采用几个不同的指标对水库移民经济发展战略目标进行

第八章 水库移民经济可持续发展路径探索

衡量。

（1）人均粮食占有量。对于移民经济发展来说，人均粮食所代表的不仅是经济发展的基础，更是移民基本生活的保障。

（2）人均年纯收入。这个指标对于衡量移民生活水平有着重要作用。

（3）人均国民生产总值。在一个移民经济系统中，往往需要这个指标来判断系统内经济发展的水平与规模。

（4）移民经济发展增长速度，该指标能够有效地预测移民系统的经济发展水平，同时，还能够侧面体现系统内经济增长的速度。

（5）其他指标。这些指标对移民生产生活水平都有重要意义，都在衡量移民生活水平的过程中发挥作用。

（三）战略重点

1999年，中国科学院对我国的发展进行了认真的分析，并出具一份非常详尽的报告——《1999年中国可持续发展战略报告》。报告中，在对人类发展规律明确认知的基础上，对中国国情进行了分析，为了实现可持续发展，中国必须通过三个基本台阶，实现三个基本目标。这里所说的三个基本目标与基本台阶指的是三个不同的时间点与三个不同的发展防线。一是在2030年，我国人口自然增长率可以实现零增长；二是在2040年，我国的能源、资源消耗速度能够实现零增长；三是在2050年，我国生态环境的退化速度能够达到零增长。

于是，对库区的可持续发展能力进行的测算，需要设置三个战略重点，才可以实现水库移民发展的可持续。

第一，加快库区经济的增长速度，减缓生态环境退化速度。生态环境对于移民区域经济的影响也是很重要的，在发展经济的同时，一定要保障经济效益与生态环境兼顾，对一些影响生态环境的大型工程项目要及时沟通与限制，争取在维护环境条件下，实现经济的稳步增长。移民经济发展过程中，实现双赢是很好的选择。

第二，重视生态、环境与经济、社会之间的平衡发展。库区在经过一段时间的发展后，会渐渐走向正轨，无论是货币资本还是生态资本都会有所增加，这对于库区经济的平衡与协调发展来说是非常有益的。在政策上，移民经济发展项目希望通过经济实力的不断提升，促进生态环境的建设，给予生态环境更多的反馈，起到控制移民区生态环境问题的作用。在其他工程决策上，生态环境的"门槛"也必须提高，甚至要赋予生态环境"一票否决"权，即项目工程若是对生态环境有害,即便在其他方面有诸多益处,也不允许实施。这对于经济的良性发展来说至关重要。

第三,为移民经济打开可持续发展的大门。移民经济发展应该与国家第三步的发展目标之间趋于一致。在确保移民经济能够稳步提升并保持良性循环的条件下,对生态资本进行扩张,减缓货币资本的发展速度,将整个移民区社会从工业文明过渡到生态文明。在政策取向上,首先要考虑的就是生态环境决策的"门槛",只有进入这个"门槛",才能够正式进入生态环境先于一切的发展阶段。

二、战略步骤

移民经济的发展在库区被淹没后可分为三个不同的阶段:首先是库区的搬迁建设期,在这个阶段中,由于移民刚从淹没区搬迁出来,生产与生活尚未进入正轨,主要的精力是放在生活重建上;其次是库区恢复期,经历了搬迁建设时期后,库区在移民的辛苦劳动下逐渐走上正轨,不仅生产能力有所提升,生活水平也得到了显著的提高,与原有的生活水平不相上下;最后是库区的发展时期,这个时期是没有期限的,经济在发展,库区就会随之不断发展,当移民的生产生活与原有居民之间没有差别后,需要对库区经济、环境等进一步改善,促进人们生活水平的进一步提升,为移民打造更良好的生活质量。战略步骤的提出,需要这三个阶段作为基础,因此,下面对水库移民经济可持续发展的战略步骤进行分析。

(一)搬迁建设期

该时期是水库移民经济可持续发展战略中的艰难时期,这个时期要保障移民的基本生活,共同建设新家园,做好未来的规划与布局。搬迁建设时期,要重点发挥库区基础设施建设的作用,保障移民生活能够与搬迁之前一致,重视库区内地区的贫困问题,帮助这些地区恢复经济功能,引导库区经济与正常的运行轨道相结合,消除人为破坏环境的情况。

(二)恢复期

这一阶段,要尽量使移民系统消失的时间减少,保障移民和安置区的居民生活能够达到小康水平,并且还有进一步发展的空间。发挥库区经济系统的作用,促进库区经济指标能够接近全国平均发展的指标。

(三)发展期

发展期阶段,要求居民的生活水平能够再上一层台阶。移民区内资源能够得

第八章 水库移民经济可持续发展路径探索

到保护，在发展经济的过程中合理运用资源，将产业布局进行调整，确保经济、社会、环境效益之间可以实现互相促进、互相协调。

三、战略措施

对于移民经济发展来说，战略措施的意义重大，这是能够将理论付诸于实践的有效准则，不仅有利于移民经济的发展，更是对移民工作行为的一种约束。从根本上讲，移民经济可持续发展的战略措施就是一种制度、技术以及管理等工作上的创新，下面对此进行具体分析。

（一）改善发展移民经济的软环境，充分发挥政策扶持的综合效应

完善发展移民经济所需要的扶持政策是水库移民经济发展的首要工作。在水库移民搬迁安置后，我国会给予相应的扶持政策，既能够体现我国政府负责任的态度，也在提高移民生产生活与维护社会和谐稳定的过程中起到至关重要的作用。具体的扶持政策是国家通过一系列的方式进行资金筹集，并将筹资应用于移民安置区的生活改善上。例如，在移民安置区，需要的投资有很多，交通、教育、医疗、通信等，都是必不可少的。

在后期扶持政策的帮助下，水库移民工作有了进一步的发展，但是这并非意味着水库移民经济发展已经进入了全胜阶段，结合水库移民经济的发展目标来看，未来要走的路还很长，所要面对的困难也很多。例如，至今还没有解决"七五"期间提出的很多基本目标，在建设小康社会的大前提下，后期扶持工作其实并不容易，甚至可以说非常艰巨。为了使后续扶持政策能够得到有效地落实，务必在战略实施的过程中，做到实事求是。

另外，在后期扶持的相关政策法规建设上是不够完善的，伴随着移民经济的增长，如果后期扶持的法规建设不能够与之并行，那么就会出现很多问题，导致移民实际工作无所适从。因此，当前最重要的就是尽快出台完善的后期扶持政策，将党和国家制定的方针落实到实际工作中。让人民群众体会到政府的关心，坚持"三个代表"的重要思想，保障移民的合法权益。

（二）解放思想、转变观念，加快移民经济发展的市场化步伐

计划经济时期，由于经济体制的局限性，移民经济的发展完全依靠行政命令，市场主体缺乏活力，使我国众多的老库区经济发展后劲不足，至今仍存在很多遗留问题。党的十六大以后，我国已初步建立了社会主义市场经济体制，移民经济也要适应市场经济的要求。在市场经济条件下，由于市场机制在配置资源中

发挥基础性作用，在各种利益关系和社会关系的改变中，人们的意识和观念也随之发生变化。在这种大的社会环境下，移民工作必须适时转变观念，调整思路，以适应时代发展要求。

在市场经济体制下，移民经济发展必须实行依法行政，依法移民，也就是说，市场经济就是法治经济。从一定意义上讲，各级移民机构必须从传统的计划经济体制下依靠行政命令的管理模式中转变过来，实行依法移民，依法对水库移民工作中的各种事务进行决策、组织、管理和调控。具体地说，一方面要积极开展移民政策法规的研究，制定出台宏观协调和监督管理的各项办法，不断完善法规，严格执行党和国家的政策，依法实施移民安置和扶持移民发展，严格遵守法律、移民政策法规体系；另一方面要加强自身建设发展生产，按照法律管理移民各项事业。随着社会制度的不断完善与发展，我国目前处于市场经济体制，所以移民经济的发展应该做到与时代的脚步相一致，并且符合市场经济发展规律的要求。首先，要仔细研究自从我国加入世界贸易组织以后，对农村和农业以及对移民的经济是否产生影响，并且制定出切实可行的方针政策，找到相应的解决措施，做到扬长避短，抓住机遇，使移民经济的发展不断向前。其次，对于新建工程的搬迁工作或者对于原来水库移民留下的需要解决的问题，要发挥出市场机制对资源配置的作用，并且按照安置地的实际情况，根据人口、资源和环境之间的具体关系，制定出适合可持续发展的政策，做到在移民安置工作做完后可以予以相应的扶持和帮助。

根据我国发展的基本国情，我国处于市场经济的时代，所以移民经济的发展应该是需要政府参与的。在移民工程实施中，只有政府发挥其主导作用，将领导意识和安置协议一级一级地传递和签订，才能将移民工作贯彻落实，在规定的时间内完成任务；只有政府将财政扶持和市场机制两者做到有机结合，移民生产生活水平才会得以提高，移民才会居有定所，所有事项都会安置稳妥。所以，移民工作不仅仅是一个单位或者一个组织就可以完成的，是需要各个部门一起努力的。在水利建设中，移民工作起到了充分的前提条件，移民工作的建设还会对移民经济发展和区域之间的繁荣稳定产生很大的影响。所以，不论水利水电的工程业主是谁，移民工作的主体引导者应该是地方各级政府。

（三）进行移民经济制度创新

制度创新是水库移民经济可持续发展的重要途径之一，它主要包括移民社会保障制度的建立、移民经济风险管理体系的建立、市场化移民资金运营制度的建立等内容。

1. 构建移民社会保障制度

研究移民社会保障制度的构建，是一项艰巨而伟大的任务，在研究后使其在移民地区得以落实，对帮助移民渡过难关，做到稳定社会的发展，繁荣移民的经济水平是具有重要作用的。因为移民是一个非常脆弱的群体，在搬迁后，他们的生活方式、生活环境等都处于重新建立的阶段。他们需要解决在搬迁后，面临的生活、就业、养老等问题，如果这些问题得到解决，那么他们也就没有了后顾之忧。

（1）构建和运行移民社会保障制度的必要性。移民地区的建立与我们息息相关，因为移民地区也具有这个世界上地区的共性，也是这个社会大环境下的一个小环境，有着自己独特的个性。考虑到移民地区的特殊性，并且根据全国建立的社会保障制度都具有的规律，笔者认为，移民地区应该建立起社会保障制度，而且其中有三点需要注意。

其一，移民社会保障制度的建立是正确的，因为它是对社会保障制度的完善与补充，也是社会保障制度建立的关键。为建立这一制度，必须充分考虑很多影响因素和实际情况，要考虑到移民地区的特殊性，从移民地区的实际情况出发思考问题；考虑到移民的问题，根据当地移民的生活习惯和生活特点等，建立起适合当地发展，并且有利于贯彻落实的社会保障制度，进而逐步完善社会的保障理论。

其二，移民社会保障制度的建立是有必要的，因为它可以保障移民的生活水平，为移民的生活带来政策保障。移民搬迁后对安置区的经济条件、社会环境和子女上学等，都存在困扰。与此同时，还存在着强烈的对原来水库的念土之情以及依附之情，还有对安置区的期盼心理。因为在移民搬迁后，要面临新的生存环境，他们的生产、生活等都需要重新建立。移民的人口复杂，需求和生活习惯等也存在不同，在生活生产、生活习惯、经济条件和生活要求等方面对于安置区的需求也存在不同。所以，这时为了保障移民的生产生活，应该建立起完善的社会保障制度。

其三，建立起完善的移民社会保障制度是有利的，它有利于移民目标的实现，这一制度也会成为其保障制度。实现移民搬迁的目标，主要是建立起良好的社会保障制度，社会保障是提前给人们打的预防针，为的是移民问题出现时，可以做到及时解决。另外，当移民人口出现问题时，可以及时从储备基金中获取相应的经济支持。还有些非自愿移民在搬迁中具有很大的强制性,也具有一定的经济和社会目的。如果从退田还湖、扶贫脱困和工程建设等目标的实现来看,他们是一个由社会保障机制、心理培育机制、社会服务机制和生态保护机制之间的有机组合与联系建立起来的系统,具有开发性、发展性和再生性等性质。所以,建立起移民机制是重要的保障机制。

(2)移民社会保障制度的总体思路和基本原则。移民保障制度的建立是为了那些在移民中暂时失去劳动力、失去工作机会等,或者是遭受到了某种程度的自然灾害等,使得没有赚钱的机会和生存下去的动力时,国家或者地级政府会采取相应的政策,帮助其恢复生产发展,并且提供给他们相应的生活方面的照顾与帮助,给予他们一定的依靠,这样可调节社会中的不平衡,促进社会的和谐发展。

建立起移民社会保障制度是至关重要的。笔者认为建立的具体思路如下:首先,建立起移民专项保障基金,面对不同的移民实施不同的保障项目,可以根据移民的需求建立起不同的保障,实现安置地中的各种制度与原来水库中的经济发展相互融合,并且达到两者统一运行的目的。其次,我国城镇的社会保障制度已经逐渐走向成熟与完善,移民面临的经济、养老和医疗等问题,也被纳入有社会保障的养老保险、医疗保障等项目中,所以对于大多数移民的地区来说,其中既有移民也有非移民,有的安置区本来就存在社会保障制度,这时要根据当地居民的特点以及移民的生活方式建立起相应的社会保障制度。还要采取一种积极稳妥的方式建立起社会保障制度。最后,对于农村面临的养老、医疗等问题,重点建立起社会养老保险制度和医疗制度,可以再加入一些社会救助等子项目以保障社会制度更加完善,人们的生活得到保障。与此同时,由于搬迁而造成了体系破坏,应该在移民中建立起社会保障制度,通过这种制度的慢慢完善,逐渐建立起全面、完整的社会保障制度。

(3)移民社会保障制度的运行。建立起社会移民保障制度后,将这种制度好好地实行下去,并且可以保证这种制度运行的合理,需要做以下四方面:第一,建立起一整套的指标体系,这种体系是包含移民基础设施建设齐全、具有可持续发展目标的系统,目的是可以让移民定有所居,可以在自己脆弱的时候获得社会的保障和支持,解决自己生活中面临的问题。第二,完善社会保障体系,使其更加适合当地的移民发展并且符合社会发展的规律,让移民真正做到有法可依、有法可循;并且努力提高干部队伍的整体素质,专门培养出一支移民社会保障制度的队伍,做好社会保障的宣传工作,这样会让移民感觉到政府对移民工作的重视,社会保障制度也会在移民中有更加广阔的发展空间。第三,面对移民要设立专项保障基金,并且扩大筹资渠道,避免单一的渠道产生,建立多层次、多元化的结构。为了解决这个问题,需要做到以下几点:①一个省内的移民,由国家或者政府按照一定比例进行拨款;②在搬迁中政府给的补偿安置费用和扶持基金中拿出一部分作为专项保障基金,这一部分作为移民项目的启动资金,在以后的项目实施中,再加入个人的缴费,这样可以保证移民项目的顺利开展以及基金的平稳运行;③加强基金的监督与监管,最少要做到以县级为单位进行基金统筹管理,拓宽资金的来源渠道和发展空间;④由统一的机构进行集中管理,国家劳动部门和社会保障部门可以与移民开发局共同合作,建立专门的移民保障机构,对全国的移民社会保障问题进行统一管理。然后再进行分级管理,由地方的政府和移民的安置机构制定详细的计划和管理体制,对移民实施科学化管理,这种管理制度有利于快速地贯彻落实。

2. 构建移民经济风险预警与应急预案管理体系

(1) 建立水库移民经济风险预警与应急预案的必要性。兴建水库这一举措会给移民的生产、生活带来很大的困扰,甚至会使矛盾、冲突和危机之间的关系越来越复杂。移民风险的概念是,在移民搬迁后会面临移民个人和社会的各种不确定性损失,以及搬迁后发生的不确定性事件和事件发生后导致的后果。移民风险是潜在的社会问题,它藏于深处很难发现,但是如果有水库移民的搬迁,有可能会暴露这一问题,它也是社会问题发生之前的表现形式。这一问题只能做到及时的预防和制定及时的应急方案,将风险控制在最小的范围内。对水库移民风险的具体分析可以得出,水库移民涉及的因素和影响是很多的,比如政治、环境、经济和社会等方面,它是一项比较复杂的工程。

(2) 水库移民经济风险管理体系的构建。建立水库移民风险预警机制。由于水库移民的各种风险是潜在的、不确定的,对这些风险处理得及时就会减少损失,否则就会"星星之火,可以燎原",造成大的损失。及时处理水库移民风险的前提是有及时的信息。因此,必须建立水库移民风险预警机制。

3. 建立市场化的移民资金运营制度

水库移民工程的实施是一个比较重要的项目,其资金来源非常广泛,但是国家的拨款在资金中占有很大的比例,这时就要建立起资金管理监督机制,不能让资金流失,否则后果非常严重。

(1)建立市场化的移民资金投融资制度。第一,投融资主体多元化,充分调动投融资主体积极性。在市场经济条件下,移民资金的来源除了政府拨款以外,还可以更加多元化,采取BOT、TOT等方式吸引民间资金的投入。在此过程中,首先要解决投资主体积极性的问题。还本付息电价时代的结束意味着投资者的收益将由市场来决定,不确定性因素大大增加,对于水电产业这种投资大、周期长的项目,潜在的风险就更大,必须想方设法增加项目对于投资者的吸引力,政府可以采取必要的扶持;与此同时,还要改变业主"重工程、轻移民"的思想,重视移民资金的投入。

第二,完善移民资金投融资的金融市场体系。金融市场是经济前进发展的助推器,金融市场体系的效率直接影响到产业竞争的效率,所以完善金融市场体系,可以满足水电项目建设投资的需要。在市场经济体制下,任何项目的投融资,都要建立起与其适合的金融市场体系,水电工程是资金密集型的产业,对此方面的需求较大。从资金供给的角度来讲,将储蓄转化成投资,是需要完整的金融市场体系和发达的金融机构支持的。

第三,转变观念,按照市场规则拓展投融资渠道,增强资金的市场运作能力。政府只能解决移民经济发展的前提、环境和条件问题,移民经济的发展、融资的最终实施者还是投融资主体自身。在市场经济条件下,按照市场规则进行融资决策(研究融资、筹划融资、实施融资)是移民资金得以有效运营的必然要求。投融资主体在进行移民资金计划管理的同时,应该拓宽思路、积极创新,寻找新的投资方向和投资方式,努力提高自身的资金运作能力,增加投资效益。

(2)建立市场化的移民资金管理制度。第一,在规划管理方面,严格按规划办事,强调规划的权威性和严肃性。做到科学决策,科学实施,切实避免在移民工程方面铺摊子,给移民资金投入留下后遗症。

第二,在计划管理方面,强调移民计划的指令性。移民年度项目计划编制必须以规划为依据,符合投融资流程的要求,并按先淹先搬、后淹后搬以及滑坡抢险、对口支援、能源和基础设施项目优先的原则办事。计划一经批准,就必须严格按计划执行,不得随意改变,必须按规定程序报批。

第三,在资金管理方面,强调围绕拨(拨付)、管(管理)、用(使用)三个环节,严把"五关"。一是严把制度关。建立健全规章制度,使移民资金管理规范化、制度化。尽可能减少移民资金拨付环节,移民办(局)应将移民资金直接拨付到移民项目上。二是严把调度关。在移民资金调度方面,从上到下的移民资金拨付,原则上在 3 天内拨出,不容许移民资金滞留。三是把好复核关。坚持资金拨付的会审制和领导一支笔审批。四是把好验收关。工程项目完成后,必须按程序组织验收,并写出验收报告。没有验收报告的项目不拨付余款。五是把好追踪关。即搞好调查研究,跟踪检查拨出资金的管理使用情况,对资金使用不当、造成隐患或挪用、流失的,要写出专题财务报告报送领导和相关部门。

(四)充分发挥先进的科学技术、管理技术在移民经济中的作用

水库移民的搬迁不是将人口全部迁移过来就好,这只是表面的现象,如果对移民进行更好的管理,为了移民的生产生活能力着想,那么就要挖掘其搬迁后要面临的一系列事情。要清楚地知道这种搬迁是将移民的生存环境、生存土地和生存文化整体迁移,是一项复杂的系统工程,涉及的学科也较多,有人口学、生态学、环境学和心理学等方面。所以,水库移民问题需要充分发挥先进的科学技术、管理技术在移民中的积极作用,还要将移民问题仔细研究与分析。

(1)深化体制改革,运用先进的科学手段和科学方法,注重科技在移民工作中发挥的主要作用。水库移民区的科技进步以及贡献值较低是由于在传统的技术体制影响下,新的科技体制适应不了其发展规律,这会导致两者不相融,经济发展也会落后。这时,就要制定出相应的解决计划,促进经济的平稳发展。应该将融资的渠道拓宽,避免单一融资渠道的产生,全方位地统筹资金;加强技术改造工作,对外国的先进技术做到正确的取舍和吸收引进;加大对企业的管理力度,提高产品的竞争力;建立高新技术风险基金,大力发展高新技术产业,增加移民区经济可持续发展的能力;加大科技体制的改革,促进科学技术的发展与进步,建立和完善企业科技开发机构,促进科技队伍不断壮大,促进企业技术的创新。

经过相关调查与研究,可以得出,技术手段的落后对移民工程的实施有很大的影响,会直接影响移民补偿、安置实施和规划设计等问题。如果使用先进的科学技术那么就可以减少错误率的发生。比如,先进的测量手段可以增加测量的精确度,还可以增加耕地补偿;高科技的规划设计手段还可以减少设计漏项等;利用先进的录像技术可以减少录像中出现的错登、错录的情况;数据科技的完善和发展还可以减少管理中的混乱。

(2)使用先进的科学技术可以合理利用资源,改善农业的发展结构,促进工业的发展。工矿企业的搬迁可以引进先进的科学技术,将产品更新换代,增加经济的总量。提高生产发展的能力,企业清楚要发展哪种产业作为支柱产业,走

可持续发展的道路。面对农业、工业和社会经济落后的情况，移民进行小的变动是没有太大用处的，原搬、原迁、恢复原来的生产规模也是于事无补的，只有进行科技创新和科技改变才可以改变农业的生产结构，合理开发利用草、林、水等资源，建立起全面协调的农业产业结构，扩大农业的发展空间，可以开辟逐渐走向富强的道路。所以，应该充分利用和发展农业、水利、矿业等自然资源，发展"两高一优"的农业，走农业发展的道路，可以依靠科学技术兴办实体产业，实现劳动力的合理转移和合理利用；在原来的基础上，利用高科技对资源进行深入开发利用。

（3）对高新技术产业多加支持，并且加强培训教育工作，提高移民的整体素质，实施科技兴国战略。重视淹没区移民经济补偿和自然资源开发的同时，也要助力充分开发人力资源、人力投资，增强可持续发展中的内在动力和发展后劲。国家对库区的扶持主要有三方面，分别是资金、科技和政策。只有这三方面协调统一发展，才可以达到收益效果最大。

在移民工作中的科技扶持方面，要做到将实用技术推广并且帮助当地的群众干部提高管理经营的水平，使其在工作中可以很好地利用。与此同时，在库区经济建设时要做好全方位的培训工作，这一环节也是最重要的环节，培训工作的开展并不是盲目的，应该是有层次、有计划的。科技扶持的重点是大力推广高科技，并且可以和农业的生产发展相结合，这里面包括引进良种、科学养殖、综合加工等。

参考文献

[1] 蔡伟,王立娟.水库移民弱势群体创业教育生态系统研究[J].现代商贸工业,2018(29):85-86.

[2] 曹靖夫.基于经济发展模式研究的水库移民策略分析[J].水利科学与寒区工程,2018,1(11):75-78.

[3] 曹梅英.实施乡村振兴战略建设移民美好家园——娄烦县水库移民"十三五"后扶工作概述[J].山西水土保持科技,2018(3):10-11.

[4] 程军,陈绍军,陈宇航.开发性移民再定义及其中国实践模式[J].水力发电,2018,44(11):6-9.

[5] 杜爱良.隆德县水库移民后期扶持工作存在的问题及对策[J].乡村科技,2016(30):45.

[6] 金晶,李桂林,庞亚威,邵真真.江苏省大中型水库移民后期扶持项目监测评估方法研究[J].水利经济,2018,36(6):66-70.

[7] 李晓宇.水库移民后期扶持项目管理概论[M].武汉:武汉大学出版社,2017.

[8] 李筱.关于水库移民后期扶持政策实施情况监测评估的思考[J].新疆水利,2016(6):43-45.

[9] 廖蔚.水库移民经济论[M].北京:中国财经出版社,2006.

[10] 刘栓明.东平湖水库移民与区域发展[M].郑州:黄河水利出版社,2004.

[11] 刘运伟,李川.我国水库移民生计问题研究综述[J].西昌学院学报(自然科学版),2017,31(4):55-58.

[12] 彭雪影.岗南水库移民问题研究[D].河北师范大学,2019.

［13］彭阳．水库移民技能培训工作的研究讨论［J］．农家参谋，2017（24）：219．

［14］彭震伟．区域研究与区域规划［M］．上海：同济大学出版社，1998．

［15］施国庆等．水库移民城镇化安置与社会管理创新［M］．北京：社会科学文献出版社，2015．

［16］石标钦．水库移民管理工程［M］．郑州：黄河水利出版社，2015．

［17］石智雷．移民、贫困与发展——中国水库移民贫困问题研究［M］．北京：经济科学出版社，2019．

［18］孙爱芬．经济转型升级过程中提升水库移民安置适应性的策略分析［J］．水电与新能源，2019，33（5）：23-26．

［19］孙海兵，赵旭，段跃芳．福利视角下水库移民安置目标分析［J］．中国农村水利水电，2016（12）：195-197．

［20］孙良顺．"内""外"联动：水库移民社区发展与移民脱贫的实现路径［J］．求索，2018（5）：71-78．

［21］孙仪勇．惠水县龙骨坡水库移民问题研究［J］．农技服务，2017（23）：173．

［22］孙中艮，施国庆．水库移民可持续性生产生活系统评价研究［M］．北京：社会科学文献出版社，2012．

［23］王珮，吴壮海．新形势下水库移民安置规划面临的问题与对策［J］．水利规划与设计，2019（6）：144-147．

［24］韦凤年，潘锡辉．树立五大发展理念 推进水库移民和水利扶贫工作——访水利部水库移民开发局局长唐传利［J］．中国水利，2016（24）：33-34．

［25］吴上，施国庆．水库移民分享水电工程效益的制度逻辑、实践困境及破解之道［J］．河海大学学报（哲学社会科学版），2018，20（4）：45-51．

［26］吴壮海．水库移民问题对于社会经济的影响分析［J］．建材与装饰，2017（47）：134-135．

［27］向安强，薛小龙，梅畅，朱洁怡，安宓．身份认同、文化适应与社会排斥：广东省博罗县水库移民社会适应状况调查分析［J］．古今农业，2017（4）：30-35．

［28］谢蕾蕾，张果．水库移民后期扶持政策二阶段效率研究［J］．三峡大

学学报（人文社会科学版），2018，40（6）：26-30.

[29] 徐辉香. 珊溪水利枢纽移民后期扶持中扶贫项目探究［J］. 经济研究导刊，2017（36）：48-49，134.

[30] 徐扬民，李迅春，叶发勇. 广西右江流域水库移民生计长远发展措施探讨［J］. 红水河，2018，37（4）：17-20.

[31] 荀晓鲲. 政策性引导视域下的水库移民可持续发展基金研究［J］. 中国农村水利水电，2016（12）：198-200.

[32] 原枫，陈玉兰. 东大龙口水库移民后期扶持工作存在的问题及对策［J］. 水利发展研究，2017（12）：56-57.

[33] 张富民. 大中型水库移民后期扶持资金管理的调查研究［J］. 山西农经，2017（24）：62-70.

[34] 张义国. 山东经济问题研究［M］. 济南：山东大学出版社，1999.

[35] 赵锋. 水库移民可持续生计发展研究［M］. 北京：经济科学出版社，2015.

[36] 赵丽丹. 盘山县水库移民工作存在的问题及对策探析［J］. 地下水，2019，41（3）：232-233.

[37] 赵芹. 水库移民工程项目管理的实践分析探究［J］. 中国标准化，2018（20）：108-109.

[38] 钟苏娟，李禅，施国庆. 水库移民中的组织化参与——基于丹江口库区D村移民公众参与的实证考察［J］. 水利经济，2018，36（5）：70-74.

[39] 周生祥. 试析水库移民与水利工程效益共享的安置模式［J］. 河南水利与南水北调，2017（11）：89-90.

[40] 朱华俊，沈才明. 大中型水库移民后期扶持工作思路［J］. 青海国土经略，2016（6）：31-32.

后 记

水库的建设与开发不可避免地要淹没耕地和房屋等，必然产生一定数量的需要迁离库区进行安置（包括生产安置和生活安置）的水库移民。表面上看，移民群体似乎仅仅是被迁移的对象，实质上他们也是参与水库建设与开发的重要主体。特别是库区区域的经济发展问题更是备受关注。

移民学作为一门新兴科学，涉及面广、问题复杂、社会经济影响深远。水库移民经济学作为其重要组成部分，是一门跨学科的研究课题，其核心是移民的生存与发展。尽管很多专家、学者为此做了不少积极的努力，但需要研究的问题仍然很多。比如移民问题与水资源开发的相互关系，移民发展与环境容量，移民生存与发展关系调适；受淹群体与受益群体的相互关系；移民的实质及移民政策；移民安置模式及社会管理；水资源开发与区域开发的相互关系；等等。这些问题都需要我们不断地去研究、挖掘。

水库库区移民经济作为一种特殊的经济现象、经济类型和经济运行系统，在库区经济发展过程中构建起完整的水库移民经济理论体系，并在这个理论框架中深入分析水库移民经济中存在的重大问题，提出应对措施，这对推进我国移民经济理论研究和水库移民经济工作具有重要意义。

《水库移民库区区域经济发展研究》的撰写已经接近尾声，这是一个很好的尝试。在此，笔者想表达一个期望，即希望该书能够为水库移民经济研究的发展提供帮助，并以此推动移民工作在科学发展观指导下不断向前推进，大力发展移民经济，为促进库区稳定、构建社会主义和谐社会和全面建设小康社会做出应有的贡献。

李明

2019 年 4 月